Schlüsseltexte der Psychologie

Herausgegeben von
H. E. Lück, Hagen, Deutschland

Dem Lebenswerk und den Originalschriften der „großen Psychologen" wie Freud, Jung, Watson oder Festinger wird im Psychologiestudium und in der akademischen Psychologie wenig Aufmerksamkeit zuteil. Ziel dieser Reihe ist die Auswahl, Aufbereitung und Kommentierung klassischer Lektüre in einer Form, die für Studierende und Psychologie-Interessierte verständlich und anregend ist. Die Konfrontation mit diesem klassischen Lesestoff und die Beschäftigung mit der Geschichte des eigenen Faches soll neue Perspektiven eröffnen und den Lesern einen breiteren Zugang zur Psychologie ermöglichen.

Herausgegeben von
Helmut E. Lück
FernUniversität in Hagen, Deutschland

Georg Eckardt

Sozialpsychologie – Quellen zu ihrer Entstehung und Entwicklung

Georg Eckardt
Friedrich-Schiller-Universität Jena
Jena, Deutschland

Schlüsseltexte der Psychologie
ISBN 978-3-658-06853-0   ISBN 978-3-658-06854-7 (eBook)
DOI 10.1007/978-3-658-06854-7

Die Deutsche Nationalbibliothek verzeichnet diese Publikation in der Deutschen Nationalbibliografie; detaillierte bibliografische Daten sind im Internet über http://dnb.d-nb.de abrufbar.

Springer
© Springer Fachmedien Wiesbaden 2015
Das Werk einschließlich aller seiner Teile ist urheberrechtlich geschützt. Jede Verwertung, die nicht ausdrücklich vom Urheberrechtsgesetz zugelassen ist, bedarf der vorherigen Zustimmung des Verlags. Das gilt insbesondere für Vervielfältigungen, Bearbeitungen, Übersetzungen, Mikroverfilmungen und die Einspeicherung und Verarbeitung in elektronischen Systemen.
Die Wiedergabe von Gebrauchsnamen, Handelsnamen, Warenbezeichnungen usw. in diesem Werk berechtigt auch ohne besondere Kennzeichnung nicht zu der Annahme, dass solche Namen im Sinne der Warenzeichen- und Markenschutz-Gesetzgebung als frei zu betrachten wären und daher von jedermann benutzt werden dürften.
Der Verlag, die Autoren und die Herausgeber gehen davon aus, dass die Angaben und Informationen in diesem Werk zum Zeitpunkt der Veröffentlichung vollständig und korrekt sind. Weder der Verlag noch die Autoren oder die Herausgeber übernehmen, ausdrücklich oder implizit, Gewähr für den Inhalt des Werkes, etwaige Fehler oder Äußerungen.

Lektorat: Dr. Lisa Bender, Yvonne Homann

Gedruckt auf säurefreiem und chlorfrei gebleichtem Papier

Springer Fachmedien Wiesbaden ist Teil der Fachverlagsgruppe Springer Science+Business Media
(www.springer.com)

Inhaltsverzeichnis

Vorwort 9

I. Sozialpsychologisch relevante Reflexionen im Vorfeld einer einzelwissenschaftlichen Verselbständigung

1. Divergente Auffassungen zum Verhältnis von Individuum und Gesellschaft in der griechischen Antike (Platon vs. Aristoteles, 5./4. Jh. v. Chr.) 17

2. Die soziale Existenzweise des Menschen als Voraussetzung für seinen Vernunftgebrauch (Thomas von Aquin[o], 1265/66) 19

3. Das Verhältnis von Individuum und Gesellschaft als Gegenstand psychologischer Reflexion: Völkerpsychologie (Lazarus, M. & Steinthal, H., 1860) 21

4. Die Reduzierung des Verhältnisses von Individuum und Gesellschaft auf die Ebene Einzelner vs. Masse: Massenpsychologie (Le Bon, G., 1895) 25

5. Die Einführung des Begriffs „Sozialpsychologie" im deutschsprachigen Raum (Lindner, G. A., 1871) 29

6. Das schwierige Verhältnis zwischen Soziologie und Psychologie gegen Ende des 19. Jahrhunderts (Durkheim, E., 1895) 33

7. Die von der Soziologie ausgehende Bestimmung der Sozialpsychologie als psychologisches Teilgebiet (Simmel, G., 1908) 37

8. Soziales Verhalten als instinktgesteuerter Prozess
   (Mc Dougall, W., 1908) 39

9. Experimentelle Untersuchungen zum Einfluss der Gruppensituation
   auf psychophysische Leistungen (Moede, W., 1914) 41

II. Die Sozialpsychologie als Teilgebiet einer wissenschaftlichen Psychologie

10. Experimentelle Sozialpsychologie auf behavioristischer Grundlage –
    ein erstes Lehrbuch (Allport, F. H., 1924) 53

11. Die Thematisierung des ‚Selbst' als sozialpsychologische Kategorie
    (Mead., G. H., 1934) 57

12. Das soziometrische Verfahren als Methode zur Analyse von
    Gruppenstrukturen (Moreno, J. L., 1934) 61

13. Einstellung (attitude) als ‚Schlüsselkonzept der Sozialpsychologie'
    (Allport, G. W., 1935) 65

14. Verhalten als Interdependenz von Person und Umwelt –
    der feldtheoretische Ansatz (Lewin, K., 1942 – 1946) 67

15. Gruppendynamik als sozialpsychologisches Forschungsprogramm
    und transdisziplinäres Praxisfeld (Moreno, J. L. & Jennings, H. H.,
    1938; Lewin, K., 1939, 1943/44; Cartwright, D. & Zander, A., 1953;
    Hofstätter, P. R., 1957; Herausgeber ‚Gruppendynamik', 1970) 73

16. Ein Modell zur Beschreibung der Rationalität des interpersonellen
    Verhaltens: Balancetheorie (Heider, F., 1946) 79

17. Gruppendruck und individuelles Urteilsverhalten
    (Asch, S. E., 1951) 83

18. Die Fokussierung der Einstellungsforschung auf das Problem
    der Einstellungsänderung (Hovland, C. I., 1951) 91

19. Kleingruppenforschung als experimentell-sozialpsychologischer
    Gegenstand (White, R. & Lippitt, R., 1953) 95

20. Die Theorie der kognitiven Dissonanz (Festinger, L., 1957) 111

21. Der ‚Neuanfang' der deutschsprachigen Sozialpsychologie
    nach dem Zweiten Weltkrieg (Sodhi, K. S., 1953/54;
    Hofstätter, P. R., 1954) 117

22. Gesamtgesellschaftliche Anforderungen an die Sozialpsychologie
    (Katz, D., 1965) 121

23. Der Ruf nach einer (eigenständigen) europäischen Sozialpsychologie
    (Moscovici, S., 1972; Tajfel, H., 1972; Jahoda, G., 1974) 125

24. Die sog. ‚Krise' der Sozialpsychologie in den 60er und 70er Jahren
    des 20. Jahrhunderts und der Vorschlag einer Alternative
    (Gergen, K. J., 1973) 129

25. Pro und contra ‚social cognition' – eine Kontroverse (Strack, F.
    vs. Graumann, C. F., 1988) 135

26. Der Mangel an ‚theoretischem Denken' in der Sozialpsychologie
    (Frey, D. & Irle, M., 1993) 147

27. Entwicklungstendenzen der neueren Sozialpsychologie aus der Sicht
    der Soziologie. Außenperspektive (Hillmann, K.-H., 1994) 149

28. Das wissenschaftshistorisch begründete Selbstverständnis der
    Sozialpsychologie am Beginn des 21. Jahrhunderts (Frey, D., 2005)... 151

29. Neuere Entwicklungstendenzen der Sozialpsychologie (Ende 20./
    Anfang 21. Jahrhundert) (Jonas, K.; Stroebe, W.; Hewstone, M., 2007
    155

30. Die Sozialpsychologie der Gegenwart aus wissenschaftshistorischer
    Perspektive: Neuere Entwicklungstrends als Ausweg aus der ‚Krise'?
    (Kruglanski, A.W. & Stroebe, W., 2012) 159

Literaturverzeichnis

  A. Quellennachweise 161

  B. Sekundärliteratur 164

Vorwort

Das vorliegende Buch will seine Leserinnen und Leser dazu ermuntern, aus der Geschichte der Sozialpsychologie Einsichten zu gewinnen, die eine Reflexion gegenwärtiger theoretischer und praktischer Arbeit ermöglichen. Zu diesem Zweck werden wichtige Zeugnisse aus der Geschichte unseres Faches vorgestellt und mit kurzen kommentierenden Bemerkungen versehen. Es werden solche Zeugnisse (Dokumente) sein, die in ihrer Zeit Innovationscharakter hatten, prototypische Vertreter einer bestimmten Richtung oder ‚Schule' waren und/oder wirkungsgeschichtlich eine signifikante Resonanz aufwiesen; mit anderen Worten: die als ‚Meilensteine' gelten können.

Es versteht sich, dass von diesem konzeptionellen Ansatz her das Buch nicht beanspruchen kann, eine umfassende systematische Abhandlung zur Geschichte der Sozialpsychologie offerieren zu wollen.[1] Wohl aber könnte dieses Buch zur Ausbildung bzw. Konsolidierung eines fachspezifischen Problembewusstseins beitragen.

Die Texte werden im Original bzw. in der Übersetzung des Originals wiedergegeben. Das mindert zwar in manchen Fällen die Lesbarkeit, wahrt aber die historische Authentizität. Dezidiert ist es unser Bestreben, die kommentierte Textsammlung auf einen relativ geringen Umfang zu beschränken. Diesem Bestreben liegt der Gedanke zugrunde, dass es für den heutzutage mit Literatur überhäuften Leser respektive die Leserin sinnvoll ist, „bei einem Minimum an Zeitaufwand ein Maximum an ‚geistigem Gewinn' zu erzielen" (Eckardt, 2013, 9). Diese Strategie erfordert eine mitunter schwer realisierbare Tugend: den Mut zum ‚Weglassen'. Der Herausgeber ist freilich gehalten, die Entscheidung, ob ein Text wegge-

---

[1] Eine neuere umfassende Darstellung zur Geschichte der Sozialpsychologie enthält das von A. W. Kruglanski und W. Stroebe herausgegebene ‚Handbook of the History of Social Psychology (2012. New York und London: Psychology Press).

lassen oder in die Sammlung aufgenommen wird, nach begründbaren Kriterien zu fällen. Diese Kriterien sind zu erläutern:

1. In Gesamtüberblicken wird häufig zwischen zwei ‚Arten' von Sozialpsychologie unterschieden: einer psychologischen und einer soziologischen. Erstere wird gemeinhin dem Fach Psychologie, letztere dem Fach Soziologie zugeordnet.[2] Im vorliegenden Buch, das in der Reihe ‚Schlüsseltexte der Psychologie' erscheint, geht es um die psychologische Sozialpsychologie. Unter wissenschaftshistorischem Aspekt ist freilich zu konstatieren, dass die psychologische Sozialpsychologie substanzielle Impulse von Seiten der Soziologie erhielt. Aus diesem Grunde ist es sachlich geboten, auch einige soziologische Texte in den Band aufzunehmen. Es waren die Soziologen W. I. Thomas und F. Znaniecki, die mit ihrer vielbeachteten Monographie ‚The Polish Peasant in Europe and America' (1918 – 1920) die Grundlagen für eine *psychologische* Einstellungsforschung legten. Es war der Soziologe G. H. Mead, der mit seinem Werk ‚Mind, Self and Society' (1934) den Boden für die Bearbeitung solcher sozialpsychologischer Themen wie Ich-Identität, Selbstbild – Fremdbild, Rollen- bzw. Perspektivübernahme, Stereotypbildung bereitete. G. W. Allport hat in seinem Handbuch-Beitrag ‚The Historical Background of Social Psychology' dem Begründer der Soziologie, A. Comte, die ‚Entdeckung' (‚discovery') der Sozialpsychologie zugeschrieben (Allport, G. W., 1968, 6). Drei der hier aufgenommenen Texte betreffen die Stellung der Sozialpsychologie im Rahmen einer Verhältnisbestimmung zwischen Soziologie und Psychologie (Durkheim, 1895; Simmel, 1908; Hillmann, 1994).

2. In der Methodik der modernen Sozialpsychologie als einer theoriegeleiteten empirischen Wissenschaft kommt dem Experiment eine zentrale Rolle zu. Es gibt in der Geschichte der Sozialpsychologie nicht selten den Fall, dass von einem Experiment aus neue Forschungsfelder erschlossen wurden, die mit gegenstandserweiternden Aufgabenstellungen verbunden waren. Als Beispiel sei das ‚klassische' Experiment von Muzafer Sherif (1936) genannt. Sherif untersuchte, ausgehend von dem bekannten autokinetischen Täuschungs-

---

2 Eine bibliographische Analyse von E. E. Jones (1985) ergab, dass von 73 US-amerikanischen Lehrbüchern (textbooks) der Sozialpsychologie, die zwischen 1947 und 1980 erschienen, 75 % von Psychologen und 22 % von Soziologen verfasst wurden. Nur 3 % seien Gemeinschaftspublikationen von Psychologen und Soziologen. Nach Jones befindet sich der Trend zur Dominanz der Sozialpsychologie als psychologische Subdisziplin in einer ansteigenden Form. Das schließt nicht aus, dass sich Forschungsgegenstände der psychologischen Sozialpsychologie mit denen der Soziologie, insbesondere Mikrosoziologie, decken (Jones, E. E., 1985, 50).

effekt, den Einfluss relativ übereinstimmender Wahrnehmungsurteile einer *Gruppe* von Versuchspersonen auf die von diesen ursprünglich abweichende Schätzung *einer* Versuchsperson im Einzelversuch. Das Experiment erbrachte den Nachweis, dass – sehr allgemein ausgedrückt – am Zustandekommen von Wahrnehmungsurteilen soziale Parameter mitbeteiligt sind. Mit dem Experiment wurde eine Perspektive eröffnet, die sich in der Etablierung eines neuartigen Ansatzes manifestierte: der social-perception-Forschung. Es ließen sich noch weitere solcher ‚folgenreichen' Schlüssel-Experimente anführen.

Angesichts dieser Feststellung mag es vielleicht ein wenig verwundern, dass in diesem Buch zwar etliche, aber nicht viele Publikationen zu Experimenten vorgestellt werden. Für diese Beschränkung gibt es eine Reihe von mehr praktisch-technischen Gründen:

a) In jedem gängigen Lehrbuch der Sozialpsychologie werden die Standard-Experimente dargestellt und in ihrem inhaltlichen Kontext erläutert. Eine bloße Wiederholung dieser Darstellung entspricht nicht dem Anliegen unseres Buches.

b) Die unseres Wissens umfangreichste Sammlung von Originaltexten englischsprachiger experimenteller Arbeiten gaben E. Aronson und A. R. Pratkanis 1993 heraus. In drei voluminösen Bänden ‚Social Psychology' sind insgesamt 135 Texte auf 1915 Seiten enthalten. Eine nicht ganz so umfangreiche Sammlung mit Arbeiten vorwiegend aus den 50er und 60er Jahren des 20. Jahrhunderts gab Martin Irle heraus (Irle, M. [Hrsg.] [1969]. Texte aus der experimentellen Sozialpsychologie). Ferner verweisen wir auf die informative ‚kurze Darstellung' von 32 ‚klassischen Experimenten', die G. Wiswede seinem ‚Sozialpsychologie – Lexikon' im Anhang beigefügt hat (Wiswede, G., 2004, S. I – XXXVI).

c) Das Unternehmen, Originalquellen, in denen experimentelle Arbeiten mit allen methodischen und statistischen Details (Zielstellung, Versuchsplanung und -durchführung, Darstellung, Auswertung und Interpretation der Ergebnisse usw.) anzuführen, würde den umfangsmäßigen Rahmen des Buches sprengen.

Nach dieser Benennung und Begründung von Ausschluss- bzw. Beschränkungskriterien (wenig Texte zu soziologischen Orientierungen, wenig Texte zu Experimenten) sollte nun aber dargelegt werden, worauf bei der Auswahl der Texte besonderer Wert gelegt wurde. Der Herausgeber hat sich in erster Linie von einer problem- und theoriegeschichtlichen Sichtweise leiten lassen. Das Hauptaugenmerk wurde auf solche Texte gelegt, die konzeptionelle Orientierungen oder Orientierungsversuche enthalten. Methodische Ansätze, begriffliche Definitionen, schulengebundene Auffassungen, Schwerpunktverschiebungen bei Forschungsfragestellungen, Kontroversen, Reflexion von Krisenerscheinungen, intra- und interdisziplinäre Beziehungen und Abgrenzungen, nationale und internationale Trends, Alternativen zum mainstream, Standortbestimmungen sind hier zu nennen. Nicht alle Bereiche der weitverzweigten Sozialpsychologie können dabei berücksichtigt werden. Bei einem Gesamtüberblick über die neueren Texte (20. Jahrhundert) wird ein interessantes Phänomen deutlich, das Phänomen der Nachhaltigkeit. In diesem Zusammenhang ist an erster Stelle die feldtheoretische Konzeption Kurt Lewins zu nennen, deren Wirkungen noch heute auf Standortbestimmungen der Sozialpsychologie sichtbar werden.

Die Texte sind – von begründeten Ausnahmen abgesehen – chronologisch geordnet. Die ersten 9 Texte sind der sog. Vorgeschichte der Sozialpsychologie gewidmet, die Texte 10 – 30 dem Zeitraum seit der Begründung einer wissenschaftlichen Sozialpsychologie. Diese Zweiteilung erfolgte in Anlehnung an den vielzitierten Ausspruch H. Ebbinghaus', nämlich, dass die Psychologie zwar eine „lange Vergangenheit", aber nur eine „kurze Geschichte" habe. Diese Feststellung trifft m. E. auch auf die Teildisziplin Sozialpsychologie zu, wenn auch mit zeitlicher Verzögerung des Beginns einer „Geschichte".

Ein kurzer Überblick soll eine Vorinformation zu den Quellentexten geben. Zum ersten Teil: Die elementare Voraussetzung für ein Nachdenken über sozialpsychologisch relevante Fragestellungen war die Auffassung vom Menschen als einem ‚gesellschaftlichen Wesen' in der griechischen Antike und – davon ausgehend – der Versuch, das Verhältnis von Individuum und Gesellschaft zu deuten (Text 1). Auf dieser Basis wird dann in der christlich-theologischen Scholastik des Mittelalters beispielsweise der Zusammenhang von Gesellschaftlichkeit und Vernunftfähigkeit des Menschen thematisiert (2). Es folgt ein relativ großer Sprung ins 19. Jahrhundert. Im 19. und beginnenden 20. Jahrhundert wurde das Individuum-Gesellschaft-Problem in verschiedenen Varianten abgehandelt, so z. B. als Verhältnis Individuum – Volk (3) oder als Verhältnis Einzelner – Masse (4).

Wieder eine andere Variante war der Versuch, soziales Verhalten aus der Wirksamkeit von Instinkten abzuleiten (8). Die noch junge, aus Frankreich (A. Comte) herkommende Soziologie diskutierte darüber, was unter Sozialpsychologie zu verstehen und wie das Verhältnis zu dieser zu gestalten sei (6; 7). Im deutschsprachigen Bereich wird der Begriff ‚Sozialpsychologie' als Name für eine erst noch zu begründende Wissenschaft vorgeschlagen (5). Das methodische Startsignal für die wissenschaftliche Periode wird schließlich mit der Verwendung des Experiments zur Untersuchung explizit sozialpsychologischer Fragestellungen gegeben (9).

Zum zweiten Teil: Das erste systematische Lehrbuch, das die Sozialpsychologie als eine nach Gegenstand, Theorie und Methode definierte Wissenschaft verstand, war stark geprägt durch Anleihen an den Behaviorismus (10). Es folgen inhaltlich-thematisch sowie methodisch breite Ausfaltungen der Forschung und praktischen Anwendung (Identitätsbildung, Einstellung, Gruppendynamik, Einstellungsänderung (11, 12, 13, 15, 17). Mit Lewins Feldtheorie (14) erhielt die Sozialpsychologie eine wirkungsgeschichtlich (16, 18, 19, 20) bedeutsame Zäsur in theoretischer, methodologischer und praktischer Hinsicht. Als Beispiel für den Einfluss externer (allgemein-historischer, politischer) Faktoren auf die Wissenschaftsentwicklung soll auf den ‚Neuanfang' der deutschen Sozialpsychologie nach dem Zweiten Weltkrieg verwiesen werden (21). Sozialpsychologen sahen sich verpflichtet, stärker gesamtgesellschaftlichen Anforderungen gerecht zu werden (22). Als Reflex von Krisenerscheinungen wurden Alternativen zum sog. mainstream entwickelt (24), Kontroversen über grundsätzliche Orientierungen ausgetragen (25) und anstelle empiristischer Selbstbeschränkung eine stärkere Gewichtung theoretischer Arbeit eingefordert (26). Auch regional eigenständige, unterschiedlichen kultur- und wissenschaftshistorischen Kontextbedingungen geschuldete Konzeptionen werden erarbeitet (23). In den letzten vier Texten werden exemplarisch Standortbestimmungen der neueren Sozialpsychologie, teils mit Empfehlungen bzw. Erwartungen für die Zukunft, vorgestellt, sowohl aus einer Außenperspektive (27) als auch aus der Binnenperspektive (28, 29,30).

Der Herausgeber versteht sich in erster Linie als Chronist. Mit diesem Verständnis seiner Rolle verbunden ist eine gewisse Zurückhaltung in bezug auf (eigene) Bewertungen.

Für vielfache Ermunterung und tatkräftige Unterstützung bei der Erarbeitung dieses Buches habe ich vielen lieben Menschen zu danken, insbesondere

- dem Herausgeber der Reihe ‚Schlüsseltexte', Herrn Kollegen H. E. Lück, der mit wertvollen inhaltlichen Anregungen das Buchprojekt begleitete,
- meiner Frau, Bärbel Eckardt, die in mühevoller Arbeit am PC die Voraussetzungen dafür schuf, dass ein verlagsgerechtes Manuskript abgegeben werden konnte,
- meiner Enkeltochter, Isabell Roscher, für das aufwendige Scannen von Quellentexten,
- Frau Eva Brechtel-Wahl, Frau Yvonne Homann und Frau Dr. Lisa Bender für sachkundige und wohlwollende verlagstechnische Betreuung.

Sozialpsychologisch relevante Reflexionen im Vorfeld einer wissenschaftlichen Verselbständigung

1 Divergente Auffassungen zum Verhältnis von Individuum und Gesellschaft in der griechischen Antike (Platon vs. Aristoteles, 5./4. Jh. v. Chr.)

In Gesamtdarstellungen der Sozialpsychologie wird – sofern sie einen Abschnitt über die Geschichte des Faches enthalten – oft auf zwei ‚Urväter' Bezug genommen: Platon (427 – 347 v. Chr.) und Aristoteles (384 – 322 v. Chr.). Freilich wäre es verfehlt, diesen bedeutenden Denkern der griechischen Antike die Absicht zu unterstellen, sich explizit mit sozialpsychologischen Themen im engeren Sinne beschäftigen zu wollen. Wohl aber haben sie dezidiert zu dem übergeordneten Rahmenthema, innerhalb dessen sich später der spezifische Gegenstand der Sozialpsychologie herauskristallisierte, Stellung bezogen. Das große Rahmenthema war die Bestimmung des Verhältnisses von Individuum und Gesellschaft. Als spezifischen Gegenstand der Sozialpsychologie innerhalb dieses Rahmens bestimmen wir einstweilig ‚das Individuum in seinen sozialen Beziehungen'.

Platon und Aristoteles äußern sich zum Individuum-Gesellschaft-Problem in staatstheoretischen bzw. sozialphilosophischen Traktaten, beide mit dem Titel ‚Politeia' (Staat; Politik). Während Platon der Meinung ist, dass das Individuum durch den Staat als gesellschaftliche Institution seine Bestimmung erhält, vertritt sein Schüler Aristoteles die Auffassung, dass das Individuum von Natur aus (von Anfang an) gesellschaftliches Wesen ist und als solches seine gesellschaftlichen Institutionen gestaltet. In der Sekundärliteratur (z. B. Hofstätter, 1959; Graumann, 1997) wird die platonische Auffassung als ‚soziozentrisch', die aristotelische als ‚individuozentrisch' bezeichnet.

1.1

„Also wird sich ein gerechter Mann von einem gerechten Staat in der eigentlichen Form der Gerechtigkeit gar nicht unterscheiden, sondern gleich sein. […]
Auch den Einzelnen, also, du Lieber, werden wir füglich so würdigen: wenn er dieselben Formen in seiner Seele hat, so soll er wegen derselben Anlagen wie jene auch desselben Namens wie der Staat mit Recht gewürdigt werden. […]
Da sind wir ja wieder, o Wunderbarer, sprach ich, in eine kleine Betrachtung geraten über die Seele. […]
Haben wir also, sprach ich, allen Grund zuzugeben, daß in jedwedem von uns dieselben Formen und Gesinnungen sind, wie im Staate, denn anderswoher sind sie wohl nicht dorthin gelangt"
(Platon, 1925, Bd.2, 315-317).

1.2

„Hieraus erhellt also, daß der Staat zu den von Natur bestehenden Dingen gehört und der Mensch von Natur ein staatliches Wesen ist, und daß jemand, der von Natur und nicht bloß zufällig außerhalb des Staates lebt, entweder schlecht ist oder besser als ein Mensch. […]
(Wir) haben gesagt, daß der Mensch ein von Natur auf die staatliche Gemeinschaft angelegtes Wesen ist, und deshalb verlangen die Menschen, auch wenn sie durchaus keiner gegenseitigen Hilfe bedürfen, nichtsdestoweniger nach dem Zusammenleben; indessen führt auch der gemeinsame Nutzen sie zusammen, insofern die Gemeinschaft für jeden zur Vollkommenheit des Lebens beiträgt"
(Aristoteles, 1995, Bd.4, 4 u. 88).

Die soziale Existenzweise des Menschen als Voraussetzung für seinen Vernunftgebrauch (Thomas von Aquin [o], 1265/66)

Thomas von Aquin(o) (1225 [?] – 1274), der wohl einflussreichste Kirchenlehrer des Mittelalters, geht in einer kleinen staatstheoretischen Abhandlung ‚De regimine principum' (‚Vom Fürstengeschlecht', 1265/66) auf die soziale Existenzweise des Menschen ein. Interessant ist sein Gedanke, dass das soziale Zusammenleben der Menschen die Bedingung für einen sinnvollen Gebrauch der Vernunft sei. Aus der „Naturforderung" der sozialen Existenz des Menschen erwachse das Bedürfnis nach der Bildung sozialer Institutionen (Familie, Gemeinde, Staat). Damit erweist sich Thomas von Aquin(o) – in expliziter Anknüpfung an Aristoteles – als Vertreter einer individuozentrischen Bestimmung des Verhältnisses von Individuum und Gesellschaft.

> „Dem Menschen ist wohl von Natur aus das Licht der Vernunft mitgeteilt, durch welches er in seinen Handlungen zum Ziele hingeführt werden soll. Würde der Mensch nun für sich isoliert leben, wie dies viele Tiere tun, dann hätte er keine andere Leitung zum Ziele nötig. Jeder einzelne Mensch wäre auf diese Weise sein eigener König unter Gott, dem höchsten König, insofern er durch das gottgegebene Vernunftlicht in seinen Handlungen sich selber dirigieren würde. Aber es ist für den Menschen eine Naturforderung, daß er als ein für Gesellschaft und Staat veranlagtes Lebewesen [animal sociale et politicum] in der Gemeinschaft mit vielen lebt. Dies ist für den Menschen in höherem Maße Naturbedürfnis als für alle anderen Lebewesen. Denn für die Tiere hat die Natur Nahrung, die schützende Kleidung der Haare, Verteidigungsmittel gegen die Feinde, wie Zähne, Hörner, Nägel, oder doch die Schnelligkeit zum Fliehen bereitet. Der Mensch hat von all dem nichts von der Natur mitbekommen, es ist ihm dafür die Vernunft verliehen worden, auf daß er durch sie mit Hilfe seiner Hände sich all

das verschaffe. Der einzelne Mensch kann dies aber nie und nimmer sich verschaffen, wenn er auf sich allein angewiesen ist. Darum ist es für den Menschen Naturforderung, in Gesellschaft mit vielen zu leben. Eine ähnliche Erwägung stützt sich auf die Tatsache, daß bei den Tieren der Instinkt für all das, was ihrem Leben nützlich oder schädlich ist, viel ausgebildeter ist als beim Menschen. Dieser muß durch seinen Verstand sich diesbezüglich orientieren. Er kann es erfolgreich aber nur tun, wenn er in Gemeinschaft mit anderen lebt. In der Gemeinschaft unterstützt der eine den anderen, indem die verschiedenen Menschen durch ihren Verstand an der Erfindung von Verschiedenem sich beteiligen. Der eine gibt sich mit Medizin ab, der andere mit anderem usw. Am deutlichsten aber bekundet sich die soziale Veranlagung des Menschen darin, daß er allein das Sprachvermögen hat, die Fähigkeit, seine Gedanken den anderen voll und ganz auszudrücken, während die Tiere ihre Affekte nur ganz allgemein gegenseitig äußern" (Thomas von Aquin[o], 1964[1265/66], 163f.).

3 Das Verhältnis von Individuum und Gesellschaft als Gegenstand psychologischer Reflexion: Völkerpsychologie (Lazarus, M. & Steinthal,H., 1860)

Der Psychologe Moritz Lazarus (1824 – 1903) und der Sprachwissenschaftler Hajim Steinthal (1823 – 1899) behandelten das Verhältnis Individuum – Gesellschaft als ein psychologisches Problem. Zugleich verlagerten sie dieses Verhältnis auf die Ebene Individuum – Volk. In Abwandlung des Hegelschen Begriffs ‚objektiver Geist' war für sie der ‚Volksgeist' diejenige Instanz, die dieses Verhältnis reguliert. Die unten angeführten Zitate aus dem programmatischen Aufsatz zur Eröffnung der ‚Zeitschrift für Völkerpsychologie und Sprachwissenschaft' (1860 – 1890) geben die wesentlichen Grundzüge der Völkerpsychologie wieder:

1. eine Reformulierung der aristotelischen Bestimmung des Menschen als ‚gesellschaftliches Wesen'.
2. Die Psychologie der ‚individuellen Seele' und die Psychologie des ‚gesellschaftlichen Menschen' sind gleichrangige Teilbereiche der Psychologie als ganzes. Die Psychologie des ‚gesellschaftlichen Menschen' wird Völkerpsychologie genannt, weil Volk die Grundform menschlicher Gesellung sei.
3. Völkerpsychologie ist die Lehre vom Volksgeist, weil dieser die Gesellschaftlichkeit des Individuums und die ‚innere Einheit' des Volkes bewirkt.
4. Das Volk ist mehr als eine ‚Vielheit von Individuen'; es ist eine überindividuelle ganzheitliche Größe (vgl. Eckardt, G., 1997).

Will man den Stellenwert der Völkerpsychologie im Kontext einer Vorgeschichte der Sozialpsychologie einschätzen, wird man sie als Versuch, eine soziale und historische Dimension in den Gegenstand der Psychologie einzubringen, würdigen dürfen. Der Selbstverpflichtung, „diejenigen Gesetze zu entdecken, welche zur Anwendung kommen, wo immer Viele als eine Einheit zusammen leben und wirken" (Lazarus, 1862, 396), ist sie allerdings nicht gerecht geworden. Die sozialen Wechselwirkungen von Individuen in ihrer empirischen Faktizität wurden jedenfalls nicht untersucht. Insofern ist es nicht verwunderlich, dass die frühe Völkerpsychologie weniger in der damaligen psychologischen Literatur als vielmehr in sprach- und kulturgeschichtlich orientierten Wissensbereichen sowie in geschichtsphilosophischen Werken rezipiert wurde (vgl. Eckardt, G., 1997, 69 – 77).

3.1

„Die Psychologie lehrt, daß der Mensch durchaus und seinem Wesen nach gesellschaftlich ist; d. h. daß er zum gesellschaftlichen Leben bestimmt ist, weil er nur im Zusammenhange mit seines Gleichen das werden und das leisten kann, wie er zu sein und zu wirken durch sein eigenstes Wesen bestimmt ist. Auch ist thatsächlich kein Mensch das, was er ist, rein aus sich geworden, sondern nur unter dem bestimmenden Einflusse der Gesellschaft, in der er lebt. […] So lehrt traurige Erfahrung selbst, daß wahrhaft menschliches Leben der Menschen, geistige Thätigkeit nur möglich ist durch das Zusammen- und Ineinander- Wirken derselben. Der Geist ist das gemeinschaftliche Erzeugniß der menschlichen Gesellschaft. Hervorbringung des Geistes aber ist das wahre Leben und die Bestimmung des Menschen; also ist dieser zum gemeinsamen Leben bestimmt, und der Einzelne ist Mensch nur in der Gemeinsamkeit, durch die Theilnahme am Leben der Gattung."

3.2

„Es verbleibe also der Mensch als seelisches Individuum Gegenstand der i n d i v i d u e l l e n P s y c h o l o g i e , wie eine solche die bisherige Psychologie war; es stelle sich aber als Fortsetzung neben sie die Psychologie des gesellschaftlichen Menschen oder der menschlichen Gesellschaft, die wir V ö l k e r p s y c h o l o g i e nennen, weil […] für jeden Einzelnen diejenige Gemeinschaft, welche eben ein Volk bildet, sowohl die jederzeit historisch gegebene als auch im Unterschied zu allen freien Culturgesellschaften, die absolut nothwendige und im Vergleich mit ihnen die allerwesentlichste ist. Einerseits nämlich gehört der Mensch niemals bloß dem Menschengeschlechte als der allgemeinen Art an, und andererseits ist alle sonstige Gemeinschaft, in der er etwa noch steht, durch des Volkes gegeben. Die Form des Zusammenlebens der Menschheit ist eben ihre Trennung in Völker, und die Entwickelung des Menschengeschlechts ist an die Verschiedenheit der Völker gebunden."

3.3

„So hat unsere Wissenschaft sich selbst zu begründen - neben der Wissenschaft von der individuellen Seele - als Wissenschaft vom Volksgeiste, d. h. als Lehre von den Elementen und Gesetzen des geistigen Völkerlebens. Es gilt: das Wesen des Volksgeistes und sein Thun p s y c h o l o g i s c h zu erkennen; die Gesetze zu entdecken, nach denen die innere, geistige oder ideale Thätigkeit eines Volkes - in Leben, Kunst und Wissenschaft - vor sich geht."

3.4

„Die bloße Summe aller individuellen Geister in einem Volke – welche allerdings das s u b st a n t i e ll e Wesen des Volksgeistes ist – kann den B e g r i f f i h r e r E i n h e i t nicht ausmachen, denn dieser ist etwas Anderes und bei weitem mehr als jene; – ebenso wie der Begriff eines Organismus (einer organismischen Einheit) bei weitem nicht durch die Summe der zu ihm gehörenden Theile erschöpft wird; vielmehr fehlt dieser Summe gerade noch das, was sie zum Organismus macht, das i n n e r e Band, das Princip, oder wie man es sonst nennen mag. – So ist auch der Volksgeist gerade das, was die bloße V i e l h e i t der I n d i v i d u e n erst zu einem V o l k e macht, er ist das Band, das Princip, die Idee des Volkes und bildet seine Einheit.[...] Das nun, was an dem verschiedenen geistigen Thun der Einzelnen mit dem aller Andern übereinstimmt und jene Harmonie bildet, zusammengenommen, ist die geistige Einheit des Volkes, der Volksgeist. In der Form einer Definition wird die Völkerpsychologie den Volksgeist als das Subject, von welchem sie etwas prädiciren will, demnach etwa so bezeichnen: das, was an innerer Thätigkeit, nach Inhalt sowohl wie nach Form, allen Einzelnen des Volkes gemeinsam ist; oder: d a s a l l e n E i n z e l n e n G e m e i n s a m e d e r i n n e r e n T h ä t i g k e i t." (Lazarus, M. & Steinthal, H., 1997[1860], zu 1: 129, zu 2: 131, zu 3: 133, zu 4: 156f.).

4

Die Reduzierung des Verhältnisses von Individuum und Gesellschaft auf die Ebene Einzelner vs. Masse: Massenpsychologie (Le Bon, G., 1895)

Ein spezieller Aspekt, unter dem das Individuum – Gesellschaft – Problem diskutiert wurde, war die Beziehung zwischen ‚Einzelnem' und ‚Masse'. Die Fokussierung auf diese Fragestellung in der Massenpsychologie (2. Hälfte des 19. Jahrhunderts) war eng verknüpft mit politischen, ökonomischen und sozialen Kontextbedingungen jener Zeit (revolutionäre Erhebungen, quantitatives und politisches Erstarken der Arbeiterbewegung usw.). Der wirkungsstärkste Protagonist der Massenpsychologie war der französische Gelehrte und Schriftsteller Gustave Le Bon (1841 – 1931). Sein Credo: Die vernunftlose, triebhaft agierende Masse übt auf das Individuum eine depravierende Wirkung aus, d. h. das Individuum verliert in der Masse seine Individualität (Text 4.1).

Da die Masse chaotisch und einer wilden Herde vergleichbar ist, bedarf sie eines ‚Führers'. Mit dieser Folgerung avancierte Le Bon zu einem eifrigen Verfechter von sog. Masse – Elite – Theorien (Text 4.2).

Obwohl die Massenpsychologie in theoretischer und methodischer Hinsicht überaus anfechtbar ist, ist ihr zuzugestehen, dass sie genuin sozialpsychologische Fragestellungen aufgegriffen hat (Aggression, Deindividuation, kollektives Verhalten usw.). Hauptpunkt der Kritik ist der Vorwurf, Besonderheiten des Verhaltens in sozialen Ausnahmesituationen zum Maßstab der Beschreibung und Beurteilung sozialen Verhaltens schlechthin gemacht zu haben.

4.1

„Die Massen haben nur Kraft zur Zerstörung. Ihre Herrschaft bedeutet stets eine Stufe der Auflösung. [...] Im gewöhnlichen Wortsinn bedeutet *Masse* eine Vereinigung irgendwelcher Einzelner von beliebiger Nationalität, beliebigem Beruf und Geschlecht und beliebigem Anlaß der Vereinigung. Vom psychologischen Gesichtspunkt bedeutet der Ausdruck „Masse" etwas ganz anderes. Unter bestimmten Umständen, und nur unter diesen Umständen, besitzt eine Versammlung von Menschen neue, von den Eigenschaften der Einzelnen, die diese Gesellschaft bilden, ganz verschiedene Eigentümlichkeiten. Die bewußte Persönlichkeit schwindet, die Gefühle und Gedanken aller Einzelnen sind nach derselben Richtung orientiert. Es bildet sich eine Gemeinschaftsseele, die wohl veränderlich, aber von ganz bestimmter Art ist. Die Gesamtheit ist nun das geworden, was ich [...] als psychologische Masse bezeichnen werde. Sie bildet ein einziges Wesen und unterliegt dem *Gesetz der seelischen Einheit der Massen* (loi de l'unite mentale des foules). [...] Die Masse nimmt nicht den Geist, sondern nur die Mittelmäßigkeit in sich auf. [...]

Die Hauptmerkmale des Einzelnen in der Masse sind also: Schwinden der bewußten Persönlichkeit, Vorherrschaft des unbewußten Wesens, Leitung der Gedanken und Gefühle durch Beeinflussung und Übertragung in der gleichen Richtung, Neigung zur unverzüglichen Verwirklichung der eingeflößten Ideen. Der Einzelne ist nicht mehr er selbst, er ist ein Automat geworden, dessen Betrieb sein Wille nicht mehr in der Gewalt hat. Allein durch die Tatsache, Glied einer Masse zu sein, steigt der Mensch also mehrere Stufen von der Leiter der Kultur hinab. Als Einzelner war er vielleicht ein gebildetes Individuum, in der Masse ist er ein Triebwesen, also ein Barbar. [...]

Verknüpfung ähnlicher Dinge, wenn sie auch nur oberflächliche Beziehungen zueinander haben, und vorschnelle Verallgemeinerung von Einzelfällen, das sind die Merkmale der Massenlogik. Schlußfolgerungen solcher Art werden den Massen durch geschickte Redner immer wieder vorgesetzt. Von ihnen allein lassen sich die beeinflussen. Eine logische Kette unumstößlicher Urteile würde für die Massen völlig unfaßbar sein, und deshalb darf man sagen, daß sie gar nicht oder falsch urteilen und durch Logik nicht zu beeinflussen sind. Oft staunen wir beim Lesen über die Schwäche gewisser Reden, die ungeheuren Eindruck auf ihre Zuhörer gemacht haben; aber man vergißt, daß sie dazu bestimmt waren, Massen hinzureißen und nicht dazu, von Philosophen gelesen zu werden. Der Redner, der mit der Masse in inniger Verbindung steht, weiß die Bilder hervorzurufen, durch die sie verführt wird. Gelingt ihm das, so ist sein Ziel erreicht, und ein Band voll Reden wiegt die wenigen Phrasen nicht auf, durch die es gelang, die Seelen so zu verführen, daß sie sich überzeugen ließen. Es ist überflüssig zu bemerken, daß die Unfähigkeit der Massen, richtig zu urteilen, ihnen jede Möglichkeit kritischen Geistes raubt, das heißt, die Fähigkeit, Wahrheit und Irrtum voneinander zu unterscheiden und ein scharfes Urteil abzugeben. Die Urteile, die die Massen annehmen, sind nur aufgedrängte, niemals geprüfte Urteile. Viele Einzelne erheben sich in dieser Beziehung nicht über die Masse. Die Leichtigkeit, mit der gewisse Meinungen allgemein werden, hängt vor allem mit der Unfähigkeit der meisten Menschen zusammen, sich auf Grund ihrer besonderen Schlüsse eine eigne Meinung zu bilden."

4.2

„Sobald eine gewisse Anzahl lebender Wesen vereinigt ist, einerlei, ob eine Herde Tiere oder eine Menschenmenge, unterstellen sie sich unwillkürlich einem Oberhaupt, d. h. einem Führer. In den menschlichen Massen spielt der Führer eine hervorragende Rolle. Sein Wille ist der Kern, um den sich die Anschauungen bilden und ausgleichen. Die Masse ist eine Herde, die sich ohne Hirten nicht zu helfen weiß. [...] Meistens sind die Führer keine Denker, sondern Männer der Tat. Sie haben wenig Scharfblick und könnten auch nicht anders sein, da der Scharfblick im allgemeinen zu Zweifel und Untätigkeit führt. Man findet sie namentlich unter den Nervösen, Reizbaren, Halbverrückten, die sich an der Grenze des Irrsinns befinden. [...] Die Herrschaft der Führer ist äußerst gewaltsam und verdankt nur dieser Gewalt ihre Geltung. [...] Handelt es sich [...] darum, der Massenseele Ideen und Glaubenssätze langsam einzuflößen, z. B. die modernen sozialen Lehren, so wenden die Führer verschiedene Verfahren an. Sie benutzen hauptsächlich drei bestimmte Arten: die Behauptung, die Wiederholung und die Übertragung, Ansteckung (contagion). Ihre Wirkung ist ziemlich langsam, aber ihre Erfolge sind von Dauer. Die reine, einfache Behauptung ohne Begründung und jeden Beweis ist ein sichres Mittel, um der Massenseele eine Idee einzuflößen. Je bestimmter eine Behauptung, je freier sie von Beweisen und Belegen ist, desto mehr Ehrfurcht erweckt sie. [...] Die Behauptung hat aber nur dann wirklichen Einfluß, wenn sie ständig wiederholt wird, und zwar möglichst mit denselben Ausdrücken". (Le Bon, G., 1964[1895], zu 1: 5,10,16,18f.,49f., zu 2: 98,100,104f.).

Die Einführung des Begriffs ‚Sozialpsychologie' im deutschsprachigen Raum (Lindner, G. A., 1871)

5

Gustav Adolph Lindner (1828 – 1887), ein Prager Schulmann und pädagogischer Schriftsteller, war derjenige, der im deutschsprachigen Raum als erster den Begriff ‚Sozialpsychologie' für eine noch zu begründende Wissenschaft (‚Zukunftswissenschaft') prägte. Nach seiner Meinung habe die Sozialpsychologie einen eigenständigen Gegenstand („Erscheinungen, die von der psychischen Wechselwirkung der Individuen abhängen") und basiere inhaltlich und methodisch auf der ‚Individualpsychologie' (im Sinne von Allgemeiner Psychologie des Individuums). Seine Charakterisierung der Gesellschaft als ‚Gesamtmensch' oder ‚beseelte Persönlichkeit' (1871, S. IV) führt zu einer Hypostasierung eines überindividuellen Psychischen. Eine empirische Untersuchung der interindividuellen psychischen Wechselwirkungen selbst lag außerhalb seines Gesichtskreises.

Die Gruppe der psychologischen Wechselwirkungen innerhalb der Gesellschaft ist es, die eine nicht minder wichtige Bedeutung für sich in Anspruch nimmt, indem sich die höchsten Angelegenheiten des Menschen an die Erforschung der in ihr waltenden Gesetzmäßigkeit knüpften; es ist diejenige Gruppe, welche den Gegenstand der Socialpsychologie bildet.

Die Aufgabe der Socialpsychologie ist die Beschreibung und Erklärung jener Erscheinungen, welche von der psychischen Wechselwirkung der Individuen abhängen und auf welchen das gesammte Geistesleben der Gesellschaft beruht. Die Gesellschaft ist nichts außer den Individuen; ihr Geistesleben kann somit kein anderes sein, als dasjenige, was sich im Einzelbewußtsein ihrer Mitglieder abwickelt. Daraus folgt zunächst, daß die Principien der Socialpsychologie den Lehren der Individualpsychologie entlehnt sein werden. Daß aber dessenungeachtet die Socialpsychologie ihr eigenthümliches von der Individualpsychologie verschiedenes Gebiet hat, geht schon aus der Thatsache hervor, daß die psychischen Wechselwirkungen, die ihren Gegenstand bilden, nur in der Gesellschaft beobachtet werden können.

Die Wissenschaft, deren Grundriß wir hier zu entwerfen versucht haben, und deren Grundzüge im Folgenden zur Darstellung kommen sollen, ist eine Zukunftswissenschaft.

[Es müsse] verstanden werden, daß die vielen Personen, jede mit ihrem vollen Bewußtsein in eine ähnliche gemeinschaftliche Wechselwirkung eintreten, wie dieselbe zwischen den Vorstellungen in der Seele des Einzelnen vor sich geht, d. h. daß sich aus dem Bewußtsein der vielen Gesellschaftsmitglieder ein größeres gesellschaftliches Bewußtsein bilde.

Das schwierige Verhältnis zwischen Soziologie und Psychologie gegen Ende des 19. Jahrhunderts (Durkheim, E., 1895) 6

6.1 Die ‚soziologischen Tatbestände' als Gegenstand der Soziologie

Emile Durkheim (1858 – 1917) war einer der französischen Gelehrten, die wesentlich zur Schärfung des Profils der Soziologie als einer autonomen Wissenschaft beitrugen. Gegenstand dieser autonomen Wissenschaft seien die ‚sozialen Tatsachen' (auch ‚soziologische Tatbestände'). Die ‚sozialen Tatsachen' seien aus sich selbst zu erklären, bedürfen also nicht philosophischer, biologischer oder psychologischer Erklärungsmuster. Sie konstituieren die Gesellschaft als eine „spezifische Realität" und führen „ein von ihren individuellen Äußerungen unabhängiges Eigenleben" (Durkheim, E., 1984, 114).

> „Wenn, wie man uns einräumt, die Synthese sui generis, welche jede Gesellschaft darstellt, neue Erscheinungen auslöst, welche von denen, die im Bewußtsein der Einzelnen vor sich gehen, verschieden sind, so muß auch zugegeben werden, daß diese spezifischen Erscheinungen in der Gesellschaft selbst ihren Sitz haben und nicht in ihren Teilen, d. h. ihren Gliedern. [...] So erscheint die Scheidung, welche wir später zwischen der Psychologie im eigentlichen Sinne des Wortes oder der Wissenschaft vom psychischen Individuum und der Soziologie ziehen werden, durch einen neuen Grund gerechtfertigt. Die sozialen Phänomene weichen nicht bloß in der Qualität von den psychischen Phänomenen ab; *sie haben ein anderes Substrat,* sie entfalten sich nicht in derselben Umgebung, sie hängen nicht von denselben Bedingungen ab. - Das soll nicht bedeuten, daß sie nicht in gewisser Weise ebenfalls psychisch sind, da sie ja insgesamt aus Formen des Denkens oder Handelns bestehen. Die Zustände des Kollektivbewußtseins sind jedoch anderer Natur als die Zustände des Individualbewußtseins; es sind Vorstellungen einer andern Gattung. Die Mentalität der Gruppen ist nicht die der

Einzelnen; sie hat ihre eigenen Gesetze. Die beiden Wissenschaften sind also so scharf voneinander getrennt, wie es zwei Wissenschaften nur sein können, welche Beziehungen auch im übrigen zwischen ihnen bestehen mögen" (Durkheim, E., 1984 {1895], 94).

6.2 Die Anbahnung der Kontroverse zwischen soziologischer Sozialpsychologie und psychologischer Sozialpsychologie

Ein wesentlicher, die Gesellschaft konstituierender ‚soziologischer Tatbestand' seien ‚Kollektivbewusstsein' bzw. die ‚kollektiven Vorstellungen'. ‚Kollektivbewusstsein' als explizit soziologischer Begriff wird dem ‚Einzelbewusstsein' als einem psychologischen gegenüber gestellt. ‚Kollektivbewusstsein' psychologisch zu erklären, sei „falsch" (a.a.O., 188). „Bewusstsein" wird somit aufgespalten in zwei wesensverschiedene Phänomenklassen: ‚Kollektivbewusstsein' als Gegenstand der Soziologie und ‚Individualbewusstsein' als Gegenstand der Psychologie. In einer speziellen Abhandlung von 1896 (‚Représentations individuelles et représentations collectives') wird diese Dualität im einzelnen begründet. G. W. Allport (1968) gibt zu dieser Auffassung den folgenden ironisierenden Kommentar: „Es gibt also zwei Bewusstseine in jedem von uns: eines gehört zu unserer eigenen privaten Erfahrung, das andere zu dem Bereich der Erfahrung, der dem Tatbestand der menschlichen Vergesellschaftung zuzuschreiben ist" (Allport, G. W., 1968, 52, Übersetzung: G. E.). Ungeachtet dieser ironisch-kritischen Bemerkungen ist aus wissenschaftshistorischer Sicht zu konstatieren, dass von Durkheims Gesamtkonzeption bemerkenswerte Einflüsse auf die Erschließung sozialpsychologischer Themenfelder ausgingen. Insbesondere ist hier das Konstrukt ‚sozialer Zwang' zu nennen. Von den extern gegebenen ‚soziologischen Tatbeständen' geht ein ‚sozialer Zwang' auf das Individuum aus. Damit werden solche Probleme wie ‚Sozialisation' und ‚Rolle' (soziale Rolle, Rollenverhalten usw.) angesprochen. Durkheim kann als Wegbereiter einer soziologischen Variante von Sozialpsychologie gelten.

„Die Gesellschaft [ist] nicht bloß eine Summe von Individuen, sondern das durch deren Verbindung gebildete System stellt eine spezifische Realität dar, die einen eigenen Charakter hat. Zweifellos kann keine kollektive Erscheinung entstehen, wenn kein Einzelbewußtsein vorhanden ist; doch ist diese notwendige Bedingung allein nicht ausreichend. Die einzelnen Psychen müssen noch assoziiert, kombiniert und in einer bestimmten Art kombiniert sein; das soziale Leben resultiert also aus dieser Kombination und kann nur aus ihr erklärt werden. Indem sie zusammentreten, sich durchdringen und verschmelzen, bringen die individuellen Psychen ein neues, wenn man will psychisches Wesen hervor, das jedoch eine psychische Individualität neuer Art darstellt.

[Anmerkung Durkheims:] Daraus ist ersichtlich, in welchem Sinne und aus welchen Gründen von einem Kollektivbewußtsein, das von dem Einzelbewußtsein unterschieden ist, gesprochen werden muß und kann. Um diese Distinktion zu rechtfertigen, muß das Kollektivbewußtsein nicht hypostasiert werden; es ist einfach eine Gegebenheit für sich und muß mit einem besonderen Ausdruck bezeichnet werden, weil die Zustände, aus denen es besteht, sich von denen, die das Einzelbewußtsein bilden, spezifisch unterscheiden. Dieser spezifische Charakter rührt davon her, daß beide Formen des Bewußtseins nicht aus denselben Elementen aufgebaut sind. Die einen entspringen aus der Natur des organisch-psychischen Wesens in seiner Vereinzelung betrachtet, die anderen aus einer Verbindung mehrerer Wesen dieser Art. Die Resultanten müssen also verschieden sein, da die Komponenten derart unterschieden sind. Unsere Definition der soziologischen Tatbestände hat im übrigen diese Grenzlinie nur in anderer Weise gezogen. [Ende der Anmerkung]

In der Natur dieser Individualität, nicht in jener der sie zusammensetzenden Einheiten müssen also die nächsten und bestimmenden Ursachen der Phänomene, die sich dort abspielen, gesucht werden. Die Gruppe denkt, fühlt und handelt ganz anders, als es ihre Glieder tun würden, wären sie isoliert. Wenn man also von den letzteren ausgeht, so wird man die Vorgänge in der Gruppe niemals verstehen können. Kurz, die Soziologie ist von der Psychologie in derselben Weise getrennt wie die Biologie von den physikalischchemischen Wissenschaften. Jedesmal, wenn ein soziologischer Tatbestand unmittelbar durch einen psychologischen erklärt wird, kann man daher dessen gewiß sein, daß die Erklärung falsch ist" (Durkeim, E., 1984[1895], 187f.).

7 Die von der Soziologie ausgehende Bestimmung der Sozialpsychologie als psychologisches Teilgebiet (Simmel, G., 1908)

Es war Georg Simmel (1858 – 1918), der die Konstruktion überindividueller Wirkungsgrößen für die ‚Erklärung' sozialpsychischer Phänomene (‚Volksgeist' [Lazarus/Steinthal], ‚Massenseele' [Le Bon], Gesellschaft als ‚beseelte Persönlichkeit' [Lindner]) als unzulässige ‚Mystizismen' ablehnte. Sein Argument: Psychische Vorgänge finden „nur im Individuum und nirgends sonst" statt. Die Besonderheit sozialpsychischer Phänomene bestehe darin, dass bei ihnen „bestimmte Beeinflussungen durch die gesellschaftliche Umgebung" vorliegen. Man dürfe nicht „überindividuelle Inhalte" mit „individuellen Trägern" verwechseln. Aus dieser Perspektive entwickelt Simmel ein *psychologisches* Gegenstandsverständnis von Sozialpsychologie, die von der Soziologie abzugrenzen sei. Die prinzipielle Gegenüberstellung der von anderen beeinflussten psychischen Phänomene auf der einen Seite und einem „individuellen Fürsichsein" auf der anderen versperrt ihm allerdings die Einsicht, dass menschliches Verhalten und Erleben generell durch soziale Determinanten gekennzeichnet ist (Mensch als ‚gesellschaftliches Wesen').

> Es „bedarf [...] einer näheren positiven Bestimmung über die besondere Psychologie, die man die soziale nennt. [...]. Damit die [...] methodische Trennung der Soziologie von der Psychologie überhaupt – trotz aller Angewiesenheit jener auf diese – auch gegenüber der Soziologie zu Recht bestehe, bedarf es des Nachweises, daß die letztere keine grundsätzliche Eigenheit gegenüber der individuellen besitze. [...] Die Tatsache freilich, daß seelische Prozesse nur im Individuum und nirgends anders stattfinden, weist noch nicht hinreichend die Theorie zurück, nach der die Psychologie der »Gesellschaft« (der Massen, der Gruppen, der Nationalitäten, der Zeiten) neben der Psy-

chologie des Individuums als ein gleichwertiges, aber dem Wesen und dem Träger nach heterogenes Gebilde stünde. Aus der besonderen Struktur der Erscheinungen vielmehr, auf die diese Meinung sich bezieht, muß begreiflich gemacht werden, wieso es trotz der augenscheinlichen Beschränkung des Seelenlebens auf individuelle Träger zu jenem Begriff der Sozialpsychologie kommen konnte. [...] Wenn eine Menschenmenge ein Haus zerstört, ein Urteil fällt, in ein Geschrei ausbricht – so summieren sich die Aktionen der einzelnen Subjekte in ein Geschehnis, das wir als eines, als die Verwirklichung eines Begriffes bezeichnen. Und hier nun tritt die große Verwechslung ein: das einheitliche äußere Ergebnis vieler subjektiver Seelenvorgänge wird als das Ergebnis eines einheitlichen Seelenvorganges gedeutet - nämlich eines Vorganges in der Kollektivseele. Die Einheitlichkeit der resultierenden Erscheinung spiegelt sich in der vorausgesetzten Einheit ihrer psychischen Ursache! Das Trügerische dieses Schlusses aber, auf dem die ganze Kollektivpsychologie in ihrem generellen Unterschied gegen die Individualpsychologie beruht, liegt auf der Hand: die Einheit der Kollektivhandlungen, die nur auf der Seite des sichtbaren Ergebnisses liegt, wird daraufhin für die Seite der inneren Ursache, des subjektiven Trägers, erschlichen. [...] Aber ein letztes Motiv [...] scheint [...] eine soziale Psychologie als Gegenstück der individuellen sichtbar zu machen: die qualitative Unterschiedenheit in den Gefühlen, Handlungen, Vorstellungen der in einer Masse befindlichen Individuen von den seelischen Vorgängen, die sich nicht innerhalb einer Menge, sondern im individuellen Fürsichsein abspielen. [...] Als sozial- psychologisches Problem also bleibt legitimerweise dieses bestehen: welche Modifikation erfährt der seelische Prozeß eines Individuums, wenn er unter bestimmten Beeinflussungen durch die gesellschaftliche Umgebung verläuft? Dies aber ist ein Teil der allgemeinen psychologischen Aufgabe, die - was ein identischer Satz ist - eine individualpsychologische ist. [...] Diese Tatsache der seelischen Beeinflussung durch das Vergesellschaftet-Sein – der einzige, aber freilich unermeßlich ausgedehnte Gegenstand der Sozialpsychologie – verleiht ein gewisses Recht auf diesen Begriff." (Simmel, G., 1958[1908], 421-425).

Soziales Verhalten als instinktgesteuerter Prozess (McDougall, W., 1908)

8

Der britisch-amerikanische Psychologe William McDougall (1871 – 1938) entwarf in seinem Buch ‚An Introduction to Social Psychology' (1908, 33. [!] Aufl. 1950, deutsche Übersetzung: Grundlagen der Sozialpsychologie, Jena, 1928) in Anlehnung an die Darwinsche Evolutionslehre eine Theorie über die Genese menschlichen Verhaltens und Erlebens. Das zentrale Bestandstück dieser Theorie ist der Instinktbegriff. Instinkte seien angeborene Determinanten sowohl der tierischen als auch der menschlichen Verhaltensorganisation. Das methodologisch-logische Dilemma der Instinkttheorien insgesamt besteht darin, dass aus der Interpretation von Verhalten gebildete Begriffe (Instinkt) im nachhinein zu kausalen Bestimmungsfaktoren umgedeutet werden. Anger (1979, 42) charakterisiert McDougalls Konzeption als „eine gänzlich unempirische, durchaus spekulative Auffassung von den anlagemäßigen Gegebenheiten der menschlichen Natur" (Biologismus, Nativismus).

8.1

„Wir können […] den Instinkt als eine ererbte oder angeborene psychophysische Disposition definieren, welche ihren Besitzer befähigt, bestimmte Gegenstände wahrzunehmen und ihnen Aufmerksamkeit zu schenken, durch die Wahrnehmung eines solchen Gegenstandes eine emotionale Erregung von ganz bestimmter Qualität zu erleben und daraufhin in einer bestimmten Weise zu handeln oder wenigstens den Impuls zu solch einer Handlung zu erleben. […] Wir können nun die angeborene psychophysische Disposition, welche den Instinkt ausmacht, so betrachten, als bestünde sie aus drei miteinander zusammenhängenden Teilen, einem zuleitenden, einem zentralen und einem motorischen oder ableitenden Teil, deren Tätigkeiten jeweils das Erkennen, den Affekt und das Streben bei dem instinktiven Gesamtablauf zustande bringen" (McDougall, W., 1928[1908], 24, 28, 36f.).

Die Liste der von McDougall beschriebenen Instinkte erfährt von Auflage zu Auflage diverse Erweiterungen. Für das soziale Verhalten zuständig sind nach seiner Auffassung u. a. die Instinkte der Selbsterniedrigung und der Selbstbehauptung, der Fürsorge-Instinkt und der Erwerbs-Instinkt. Der zentrale Instinkt, der das soziale Verhalten reguliert, sei der Herdeninstinkt.

8.2

„Wir können also sagen, dass die Instinkte direkt oder indirekt die Urbeweger menschlichen Handelns sind. Durch die Streben auslösende oder antreibende Kraft eines Instinktes (oder einer von einem Instinkt abgeleiteten Gewohnheit) wird jeder scheinbar noch so kühle und leidenschaftslose Gedankenzug seinem Ziel zugeführt und jede körperliche Tätigkeit angeregt und fortgeführt. Die instinktiven Antriebe bestimmen die Ziele aller Tätigkeiten und unterstützen die treibende Kraft, durch die alle geistigen Tätigkeiten aufrechterhalten werden, und der ganze zusammengesetzte geistige Apparat des höchst entwickelten Seelenlebens ist nur ein Mittel zu diesen Zwecken, ist nur ein Instrument, durch das diese Antriebe ihre Befriedigung suchen, während Lust und Unlust nur dazu dienen, sie in der Wahl ihrer Mittel zu lenken.

Nehmen wir diese instinktiven Anlagen mit ihren mächtigen Antrieben hinweg, und der Organismus wird zu jeder Tätigkeit unfähig werden; er würde bewegungslos, ohne Antriebe daliegen, wie ein wunderbares Uhrwerk, dessen Hauptfeder entfernt, wie eine Dampfmaschine, deren Feuer verlöscht wurde. Diese Antriebe sind die seelischen Kräfte, die das Leben von Individuen und Gemeinschaften erhalten und formen, und wir stehen vor ihnen wie vor den Mysterien des Lebens, der Seele und des Willens" (a.a.O, 70-73, 248).

9 Experimentelle Untersuchungen zum Einfluss der Gruppensituation auf psychophysische Leistungen (Moede, W., 1914)

Dem ehemaligen Assistenten Wilhelm Wundts, Walter Moede (1888 – 1958), kommt bei der Begründung einer experimentell arbeitenden sozialpsychologischen Forschung eine entscheidende Pionierfunktion zu. Mit seinen 1913 durchgeführten, 1920 unter dem Titel ‚Experimentelle Massenpsychologie' publizierten Untersuchungen wollte er „die Veränderung wesentlicher seelischer Funktionen unter kollektiven Faktoren" (Moede, 1920, V) erforschen. Zu diesem Zweck verglich er psychische Leistungen (akustische Unterschiedsschwellen, Willens-, Aufmerksamkeits- und Gedächtnisleistungen), die von Versuchspersonen zum einen in Einzelsituationen, zum anderen in Gruppensituationen erbracht wurden. Moede arbeitete mit sog. coacting groups (Nebeneinander der Versuchspersonen, keine Interaktionen). Methodisch und theoretisch stellt der Forschungsansatz Moedes eine kritische Alternative nach zwei Seiten hin dar: Zum einen wird der Wundtschen Beschränkung des Experiments auf die Untersuchung elementarer psychischer Prozesse des isolierten Individuums unter Laborbedingungen die Möglichkeit einer Anwendung des Experiments auf die Untersuchung sozialer Variablen psychischer Prozesse eröffnet. Zum anderen wird der Le Bonschen These von einer generell depravierenden Wirkung der Masse auf das Individuum der experimentelle Nachweis einer potentiell leistungsfördernden Wirkung der Gruppe gegenüber gestellt.

Nach Jahoda (2007, 173) enthält Moedes Arbeit „den ersten systematischen und fundierten Vorschlag, wie die Methoden der experimentellen Allgemeinen Psychologie auf die Untersuchung von Gruppen angewendet werden".

Der nachfolgende Text ist eine Vorinformation Moedes über seine Untersuchungen in der ‚Zeitschrift für Pädagogische Psychologie' (1914, 363 – 368) mit dem Titel ‚Der Wetteifer, seine Struktur und sein Ausmaß. Ein Beitrag zur experimentellen Gruppenpsychologie'.

„Trotzdem die soziale Natur des menschlichen Wesens seit alters der Gegenstand mannigfacher Spekulationen gewesen ist, so muß dennoch die rein psychologische Analyse der Gemeinschaft oder Gesellschaft als recht wenig zufriedenstellend charakterisiert werden. Die Individualpsychologie, die absieht von allen den Beziehungen, die den Einzelnen an irgendeinen Verband von Gefährten ketten und die das künstlich isolierte Individuum im Laboratorium studiert, hat sich nach wie vor der meisten Arbeitskräfte zu erfreuen. Die Völkerpsychologie kennt zwar den Gesichtspunkt der psychischen Gemeinschaft und ihrer Wechselwirkung, aber sie spezialisiert sich darauf, lediglich die historisch kristallisierten Produkte dieser Gemeinschaft - Sprache, Sitte, Mythos usw. - einer wissenschaftlichen Analyse zu unterziehen. Aufgabe einer exakten Gruppenpsychologie ist es, auch die aktuellen Wechselwirkungen, die immer da entstehen, wo Gruppen von Menschen zusammen sind, einer eingehenden Betrachtung zu unterwerfen. Dadurch erhält erst die Völkerpsychologie eine Grundlage, die nötig ist, ehe man zur historischen Erkenntnis der Gemeinschaftsprodukte vordringen sollte, genau wie Physik und Chemie für die Geologie als aktuelle Ergänzungswissenschaften unabweisbar nötig sind.
Wir haben also die Psychologie zu teilen in Individual- und Gruppenpsychologie. Wenn nun der historische Gesichtspunkt angewendet wird, so wandelt sich die Individualpsychologie zu der gewöhnlich als Kinder- und Tierpsychologie benannten Wissenschaft, während die Gruppenpsychologie zur Völkerpsychologie wird. Daß die Gruppenpsychologie gleichwertig der Individualpsychologie ist, erhellt unmittelbar. Ehe der Mensch selbständiges physisches Wesen wird, ist er mit dem mütterlichen Organismus als Embryo innig verbunden, so daß erst durch Abspaltung aus einem Kollektivwesen die Individualität hervorgeht. Das Kind wächst nun auf in der Familie und erhält zunächst Nahrung und erste Erziehung von der Mutter, so daß auch hier die Sonderung der Individualitäten nur relativ besteht. Der Zögling tritt dann über in die Schule, wo wieder Gruppen von Menschen der erzieherischen Einwirkung des Lehrers unterstehen. Tritt nun schließlich der Schulentlassene ein ins Leben, so ist der Beruf zunächst diejenige Organisation, die den Einzelnen aufnimmt. Stets sind es also Momente der Kollektivität, die die individuelle Seele durchdringen.
Eine systematische und exakte, d. h. Maß und Zahl verwendende Gruppenpsychologie wird mit der Wechselwirkung zweier annähernd gleichwertiger Individuen anzuheben haben und erst dann allmählich die Anzahl der Gruppenmitglieder vermehren und allmählich Ungleichwertigkeiten einführen, die in unterschiedlichen körperlichen, seelischen, sozialen Qualitäten der Teilnehmer einer Gruppe bestehen werden. Ganz systematisch sind nun die einzelnen seelischen Funktionen und ihre Abänderung durch die Gruppe zu betrachten. Die zunächst rein theoretisch wichtige Erkenntnis kann gleich pädagogisch fruchtbar gemacht werden.

Wir greifen ein Spezialproblem heraus und fragen nach der Abänderung, die die Willenstätigkeit der Einzelnen erleidet, wenn sie in einer größeren Gemeinschaft, also

Erste Experimente

etwa als Schulklasse, zusammenarbeiten. Um messend vorgehen zu können, werden naturgemäß die Arbeitsbedingungen genau festgelegt. Wir wollen den Willen nach einem doppelten Gesichtspunkte untersuchen. Zunächst messen wir die Schnelligkeit der Willenshandlung, alsdann bestimmen wir die Kraftleistung eines Momentanimpulses.

Methodisch ist zu bemerken, daß einwandfreies Material nur durch Vergleich der isoliert Arbeitenden mit den im Verbande Tätigen zu gewinnen ist. Die Arbeit der isolierten Schüler nennen wir IA oder Einzelarbeit, während wir die kollektive Arbeit als GA, also Gruppenarbeit, bezeichnen. Da wir nun dieselben Schüler in verschiedenen aufeinander folgenden Zeiten teils in der *IA*, teils in der GA untersuchen, so will der Einfluß der Übung wohl beachtet sein. Denn setzen wir voraus, daß von allen Sitzungen ein Rückstand bleibt, ein Übungsrest, der gleiche oder ähnliche Arbeit vorteilhaft beeinflußt, so durchkreuzt offenbar diese Übung die gesuchten reinen Unterschiede der Isolations- und Gemeinschaftsarbeit. Doch stehen uns mannigfache Mittel zu Gebote, diese Übungsfaktoren auszugleichen. In der Willensuntersuchung verfuhren wir so, daß die Serie der Sitzungen anhob mit einer Gemeinschaftsarbeit, auf die die Einzelarbeit folgte. Im zweiten Teil der Sitzungen begannen wir mit den Einzelarbeiten und schlossen mit der Klassenarbeit. Wir haben also dann das Schema

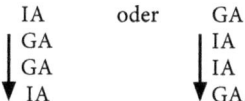

Nun hat jede der nachfolgenden Arbeiten etwa den gleichen Übungsfortschritt. Addiert man dann zur Verrechnung die beiden Einzel- und die bei den Gemeinschaftsarbeiten, so hat man in diesen Zahlen gut vergleichbare Werte. Es ist jedoch der Einfluß der gemeinschaftlichen Arbeit meist so groß, daß schon bei 2 Sitzungen über alle Übung der neue kollektive Faktor den Sieg davon trägt.

Natürlich ist es wünschenswert, nach der Gemeinschaftsarbeit die Einzelarbeiten in Kontrollsitzungen anfertigen zu lassen, die möglichst auf einen Tag fallen, damit der Rückstand der letzten Sitzung annähernd gleich groß ist bei allen Beteiligten. Dies war nur so möglich, daß wir die Schüler aus dem Unterricht in das Versuchszimmer hinüberholten und nun schnell hintereinander alle Mitglieder der Gruppe in der gleichwertigen Arbeit prüften. Freilich, wird man einwenden, ist die Isolationsarbeit nicht ganz rein, da doch der Versuchsleiter auch im Zimmer sich befindet. Doch muß man bedenken, daß er in gleicher Weise die Klasse wie auch den Einzelnen beaufsichtigt, wobei natürlich der Erfolg dieser Beaufsichtigung wahrscheinlich ein anderer sein wird, was jedoch eine Spezialfrage ist. Doch führten wir auch Parallelversuche aus, wo der Schüler wirklich streng isoliert arbeitete und nur Beginn und Schluß seiner Arbeit durch den eintretenden Versuchsleiter verkündet wurde. Die Resultate waren wieder die gleichen, vielleicht nur noch schärfer Einzelarbeit und Gesamtarbeit kennzeichnend. Doch da die strenge Isolation bei einzelnen Versuchen ohne komplizierte Versuchstechnik nicht durchführbar ist, so wählten wir das natürliche Verfahren und ließen jedesmal durch den gleichen Versuchsleiter die Übungen überwachen und leiten. Versuchspersonen waren Knaben der Gemeindeschule zu Sorau N-L. Sie besuchten die erste Klasse und standen im Alter von 12 bis 14 Jahren.

Die zeitlichen Verhältnisse der Willenshandlung wurden an der Hand des Punktierversuches bestimmt. Die Analyse eines einzelnen Willensimpulses ist ohne kostspielige Apparatur nicht möglich; die Untersuchung einer Serie von Impulsen dagegen ist sehr einfach und hinreichend genau in einem Versuchsverfahren zu erledigen, bei dem nur Bleistift und Papier sowie eine Fünftelsekunden-Uhr nötig sind. Die Versuchsperson erhält den Auftrag, in einer bestimmten Zeit mit einem Bleistifte so viel Punkte auf ein Stück Papier zu setzen, als ihr möglich ist. Um eine Dauerspannung des Willens zu bekommen, lassen wir das Punktieren 30 Sekunden lang fortsetzen. Trotzdem die Arbeitszeit nur eine halbe Minute beträgt, ist es doch ratsam, über diese Spanne nicht hinauszugehen, da die Abspannung und Ermattung nach dem Versuch recht beträchtlich sind. Es bleibt der Versuchsperson unbenommen, wie sie die Punkte auf das Papier setzen will. Sie kann sie wahllos über die Fläche des Papiers verteilen oder sich in geraden Linien oder Spiralen fortbewegen, ganz so, wie es für den Einzelnen als optimale Arbeitsweise in Betracht kommt. Nur dadurch sind für die Einzelnen wirkliche Maximalleistungen möglich. Der Versuch geht nun so vor sich, daß auf das „Achtung" des Versuchsleiters die Aufmerksamkeit gespannt und der Bleistift gehoben wird. Auf das Kommando „Los" beginnt die Arbeit, die schließlich von dem Signal „Schluß" prompt unterbrochen wird. Nach beendetem Versuche wird die Fläche des Papiers in Felder eingeteilt und die Auszählung vorgenommen. Zur Kontrolle wählten wir ein technisch weit genaueres Verfahren. Diesmal wurden die Punkte auf ein Stück Eisenblech gesetzt, und jedes Auftreffen des leitenden Graphits auf die Unterlage wurde auf der berußten Trommel eines Kymographions registriert. Daneben wurden auch die Befehle des Versuchsleiters aufgezeichnet. Nun war eine absolut einwandfreie Zeitregistrierung und Auszählung möglich. Diese Parallelversuche ergaben eine so hohe Übereinstimmung mit dem vereinfachten Verfahren, daß wir dieses für die endgültigen Reihen allein verwandten.

Trotzdem eine Einübung der Schüler stattfand, berücksichtigen wir dennoch die Zeitlage der Versuche und wechselten mit Einzel- und Gesamtarbeit ab. Die Summen der jeweiligen Sitzungen unter den gleichen Arbeitsbedingungen wurden dann zusammengezählt und vergleichsweise erörtert. Beim Einzelversuch war verabredet, so viele Punkte als möglich auf das Papier zu setzen. Traten dann zwei und mehr Schüler in Wettbewerb, so erweiterte sich die Instruktion dahin, es gelte, sich gegenseitig im Punktieren zu übertreffen. Daß ein scharfer Wettkampf jedesmal einsetzte, konnte man zunächst an der erhöhten Arbeitsspannung der Konkurrierenden sehen. Auch war der Druck, mit dem die Punkte auf das Papier gesetzt wurden, in den meisten Fällen stärker. In einigen Fällen war die Intensität der Arbeit so stark, daß durch den Druck des Bleistiftes an der Haut des Fingers Einrisse entstanden und Blut auf das Papier floß. Erst das rinnende Blut machte den Schüler auf die Verletzung aufmerksam. Es ist ja eine alte Erfahrung, daß in Zuständen hoher Willensspannung, wie sie der Wettkampf bedingt, die Schwelle der Schmerzempfindlichkeit stark erhöht ist. Geben doch Krieger an, daß erst das fließende und gerinnende Blut oftmals die Tatsache der Verletzung zu Bewußtsein bringt. Bei exakter Messung dieser Verschiebung der

Grenzmarke der Schmerzempfindlichkeit fanden wir öfters eine Vergrößerung um 50 bis 100 %. Dies alles erlaubt den Rückschluß, daß die Schüler auch in den künstlichen Bedingungen des Experimentes wirklich durch starken Wetteifer angetrieben waren und tatsächliche Höchstleistungen vollführten. So gut wie einstimmig wurde angegeben, daß das Punktieren, das in der Tat eine hohe Willensspannung voraussetzt, bei Gruppenarbeit oder beim Wettkampf zu Zweien viel besser vonstatten gehe als bei isolierter Betätigung.

Die systematische qualitative Analyse wird diese Serienaktion des Willens im Anschluß an den einfachen Reaktionsversuch zu diskutieren haben. Dort wird auf einen einfachen Reiz eine einfache Willenshandlung verlangt, wenn etwa auf einen Schall hin ein Taster niederzudrücken ist. Auf den einzelnen Willensakt folgt dann die Doppelaktion, deren Zergliederung ebenfalls schon unternommen ist. Der Doppelschlag wird nun erweitert zur Serien- oder Daueraktion. Bei Erwachsenen ist in der Selbstbeobachtung eine ausgezeichnete Analyse der seelischen Prozesse, die diese Willensleistung begleiten, zu erhalten. Durch sie wird die Kontinuität hergestellt zwischen dem einfachen Reaktionsversuch und der Serienreaktion. Die Betrachtung kann das Aufheben der Hand in Parallele setzen mit dem Loslassen des Tasters bei dem einfachen Reaktionsversuch, so daß nun der Druck auf das Papier und der Ton des Aufschlagens das Signal zum Aufheben des Bleistiftes von der Unterlage darstellt, welcher Handlung sofort eine abermalige Innervation zum Zwecke des Weiterpunktierens folgt. Die Serie der krampfartig erfolgenden Doppelschwingungen wird dann durch das Schlußkommando scharf abgebrochen, durch das auch eine allmähliche Lösung der hohen Spannung erfolgt. Im Anfange werden noch gesonderte Einzelakte bewußt, so daß das Aufschlagen des Stiftes noch als Reaktionsmotiv in Betracht kommt. Dann aber löst sich das Bewußtsein heraus und steht in kritischer Betrachtung über den Schwingungen. Die Schnelligkeit der Oszillationen wird abgeschätzt, und beim Auftreten von Ermüdungsgefühlen werden Antriebe rege, die die Leistung wieder höher treiben sollen. Einigemal wurden auch die Taktschläge der Nachbarschaft kritisch verfolgt und wirkten als starker Anreiz, ihre Rhythmik zu übertreffen.

Betrachten wir zunächst das Ergebnis einer Klassenarbeit, wo sich an dem Wettkampfe 17 Schüler beteiligten. Wir berechnen als Repräsentationswerte das arithmetische Mittel und die mittlere Variation. Das Mittel ist bekanntlich der Wert, von dem aus die Abweichungen nach oben und unten hin gleich Null sind. Daneben ist vor allem die mittlere Variation pädagogisch wertvoll. Sie gibt uns an, wie die einzelnen Maßzahlen der Schüler sich um das Mittel verteilen. Der Grad, wie sie um einen Mittelwert streuen, ist deswegen so wichtig, weil wir daraus auf die Abstände der einzelnen Schülerleistungen von einander schließen können. Jede pädagogische Maßnahme will nicht nur einen hohen Mittelwert der Klassenleistung erzielen, sondern vor allem auch eine geschlossene Förderung der gesamten Gemeinschaft erreichen, die in einer kleinen mittleren Variation zum Ausdruck kommt. Alsdann werden wir die Werte nach der Stellung der Einzelnen in der Rangordnung zu fraktionieren, also gesondert zu betrachten haben.

Tabelle I.
IA. Einzelarbeit. GA. Gemeinschaftsarbeit.

Name	Rangordnung IA.	Rangordnung GA.	Diff. in %.
Mül.	572	520	—9
M. LEH.	463	422	—9
WO.	428	417	—2
Sch.	416	393	—6
See.	413	394	—5
Lan.	410	406	—1
P. Leh.	403	378	—6
BEI.	390	375	—4
DU.	386	413	+7
ST.	378	406	+7
Mü.	366	374	+2
LI.	349	378	+8
WIE.	345	349	+1
WE.	344	393	+14
WEI.	338	372	+10
Sch.	324	383	+18
PO.	316	356	+13
Arithmet. Mitt.	391	396	1,3 %
Mittlere Variat.	11,3 %	6 %	5,3 %

Die Tabelle I zeigt nun, daß das Mittel der Einzelleistung und das Mittel der Klassenleistung annähernd gleich groß sind, da die Gruppenarbeit die Einzeltätigkeit nur um etwa 1 % übertrifft. Die Werte der Einzelarbeit sind unter IA verzeichnet und in eine Rangordnung gebracht. Die nebenstehende Spalte gibt die Werte der Gruppenkonkurrenz wieder. Ist auch das Mittel nicht gar so sehr verschieden, so besteht dennoch ein gewaltiger Unterschied zwischen Einzel- und Gruppenarbeit, betrachtet man die Streuung der einzelnen Leistungen der Schüler. Denn die Streuung der Arbeiten ist bei Gemeinschaftsbetätigung nur halb so groß als bei isoliertem Punktieren der einzelnen Schüler. Dieser mittlere Abstand aller Leistungen vom Mittel zeigt also eindeutig, daß die Gruppe weit geschlossenere Arbeitsleistungen hervorbringt, die auf größere Gleichartigkeit der Willensspannung zurückzuführen sein dürften, während bei Einzelbetätigung die Leistungen der Schüler um viel größere Sprünge voneinander abstehen. Die Tendenz zur Vereinheitlichung, die in der arbeitenden Gruppe besteht, ist deutlich ausgeprägt. Schon im alltäglichen Bewußtsein sind die Nivellierungstendenzen der Massen sprichwörtlich geworden, und nicht umsonst ist die Uniform das Symbol der Masse.

Wie kommen nun diese Verschiebungen der Leistungen zustande, und wie sind sie zu interpretieren? Kausale und teleologische Betrachtung müssen bei Analyse der Erscheinungen des Lebens stets Hand in Hand gehen.

Vergleichen wir die beiden Rangordnungen der IA- und der GA-Leistungen, so ergibt sich, daß beim Übergang zur Gruppenarbeit genau die obere Hälfte der Rangordnung der Einzelarbeiten sich senkt, während genau die untere, also schlechtere Hälfte der lA-Rangordnung in der Gemeinschaftsbetätigung aufsteigt. Dabei ist die Herabminderung der Leistungen der Besseren und die Aufbesserung der Schlechteren bei Gruppenarbeit durchaus ungleich. Denn die Schlechteren, die untere Hälfte der Rangordnung, steigen gerade doppelt so stark an, als die obere Hälfte sich senkt. Die Besseren haben also bei dieser Art der Arbeit von der Gruppe keinen Vorteil, sondern nur Nachteile, da ihre Leistungen durch die Schlechteren herabgezogen werden. Trotzdem geben auch diese Schüler die Gruppenarbeit als weit günstiger an als die Einzelbetätigung. Die prozentuale Veränderung der Leistungen der Einzelnen durch die Gruppe kann uns ein empirisches Maß sein für die kollektive Wertigkeit des Einzelnen, seine Eignung zur Gemeinschaftsarbeit. Da ergibt sich nun eindeutig, daß die unteren Schüler stets weit mehr durch die Klasse gefördert werden als die Besseren. Welche Leistungen wir auch immer auf exakte Weise prüften: Gedächtnis, Aufmerksamkeit oder Wille, stets zeigte sich, daß die Besseren weniger gefördert werde als die Schlechteren. In einigen Fällen senkt sich die obere Hälfte der Rangordnung ausnahmslos, in anderen Fällen dagegen wirken die Bedingungen der gemeinschaftlichen Arbeit, etwa beim Chorlernen auch für die Oberen leistungssteigernd, doch ist auch dann der Unterschied vorhanden, daß die Schlechteren wieder weit mehr gefördert werden. Beim Chorlernen z. B. heben sich bei einigen Versuchsbedingungen die Schlechteren etwa elfmal so stark als die Besseren. Die Interpretation dieser Tatsache und ihre pädagogischen Konsequenzen sind leicht zu geben.

Sie wird verschieden ausfallen je nach der Art der gerade geprüften Funktion und der Art der gegenseitigen Beeinflussung der Gruppenmitglieder. Dessen ungeachtet bleibt der Satz bestehen, daß die Schlechteren in jedem Falle durch die Gruppe mehr Vorteile haben als die Besseren. Die Arbeitsintensität der Besseren scheint schon beim Einzelversuch so gespannt zu sein, daß eine Verstärkung nur in geringem Maße oder gar nicht möglich ist, so daß nun die Gruppe viel mehr Chance hat, störend und leistungsherabsetzend zu wirken. Die Schlechten dagegen gehen offenbar keineswegs mit maximaler Aufmerksamkeitsspannung und Konzentration an die Arbeit. Sie können daher durch die starke Arbeitsspannung der Gemeinschaft weit eher an geeifert werden, so daß Hemmungen wegfallen, Antriebe wirksam werden und sich im Resultat weit bessere Leistungen ergeben.

Im vorliegenden Falle der Willensbetätigung ist es offenbar so, daß eine Wechselwirkung der tätigen Schüler eintritt. Jeder sieht den arbeitenden Nachbar und hört seinen aufdringlichen Rythmus. Er hat das Bestreben, ihn zu übertreffen und seine eigene Leistung möglichst hoch zu treiben, um als Sieger im allgemeinen Wetteifer hervorzugehen. Aber aller Wetteifer ist schwächer als die Wirkung, die von der Masse auf den Einzelnen und seine Impulsgebung ausstrahlt. Da die Reaktionsgeschwindigkeit der Konkurrenten große Unterschiede zeigt – stehen doch der Beste und der Schlechteste um 256 Punkteinheiten von einander ab – so ist es ganz natürlich, daß die Schnelleren durch das Tempo der Langsameren gehemmt und die Langsameren von den Schnelleren mit fortgerissen werden. Die Schlechteren hängen sich den Besseren an die Füße und hindern sie am raschen Ausschreiten. Zwei Körper ungleicher Temperatur gleichen die Temperaturdifferenz ebenfalls aus, indem sie sich auf einer mittleren Linie einigen. Oder ein anderes Beispiel: Laufen ein Schneller und ein Langsamer Hand in Hand um die Wette, so schlagen die Beiden auch ein mittleres Tempo ein, indem der Eine sich gehemmt, der andere gefördert sieht. Da nun die Oberen ihre Leistungen in der Gruppe senken, die Unteren dagegen aufsteigen, ergibt sich ein Mittelwert, der von dem Mittel der Einzelarbeiten nicht sehr abweicht. Die Zusammenschließung der Teilnehmer jedoch durch die gemeinsame Tätigkeit zeigt sich in dem starken Sturz der mittleren Variation; es ist die mittlere Streuung aller Arbeiten der Klasse nur halb so groß als die Streuung aller Einzelarbeiten.

Ist diese Theorie der unmittelbaren Wechselwirkung richtig, so muß eine Teilung der Gruppe und ein Wettkampf von nur annähernd gleichwertigen Schülern die Probe auf das Exempel abgeben und eine Bestätigung der Voraussetzung liefern können. Denn nun müssen die Konkurrenten, die etwa der besseren Hälfte der Rangordnung angehören und in ihren Leistungen sich lediglich um kleine Beträge unterscheiden, nur Aufbesserung ihrer Leistung durch eine gemeinschaftliche Tätigkeit zeigen, da nun der Hemmschuh der Schlechteren, der ihr Tempo bremst, wegfällt und nur die anregenden Wirkungen der Konkurrenz gleichwertiger Partner wirksam sind. In der Tat bestätigt das Experiment diese Annahme. Treten nur gleichwertige Knaben in Konkurrenz, so zeigt sich nur Aufbesserung der Leistung durch den Wettkampf.

Tabelle II.

	Gruppe zu 16	Einzelarbeit	Wettkampf zweier Gleichwertiger
Vp. A.	375	390	392
Vp. B.	393	416	430

Tabelle II lehrt, daß die Konkurrenten A und B, die Inhaber oberer Rangplätze, die geringsten Leistungsmaßzahlen in der Gruppe zu 16 aufweisen, während die Einzelarbeit über diesen Werten steht und die Konkurrenz zu zweien die besten Leistungen aufweist. Die Bedingungen des Wetteifers, so können wir schon jetzt ableiten, sind dann am günstigsten, wenn nicht gar zu große Differenzen zwischen den zum Wettkampfe Antretenden bestehen. Nun ist eine weitgehende Umwertung der Rangordnung und eine Vertauschung der Rangplätze für alle Beteiligten von vornherein nicht unmöglich, da sich nun jeder an die Spitze setzen oder in der Rangordnung um hohe Werte aufsteigen kann."

Im weiteren Verlauf des Untersuchungsberichts geht es um die Bestimmung der „Kraftleistung des Willensimpulses" mittels des seinerzeit gebräuchlichen Dynamometers. Auf die subtile und weitverzweigte Differenzierung der Moedeschen Versuchsanordnungen verzichtend, begnügen wir uns mit der abschließenden Wiedergabe der wesentlichen Ergebnisse.

„Überblicken wir diese Versuchsreihen, die lediglich die Willenstätigkeit in ihrer Abhängigkeit von Momenten der Gemeinschaft behandeln und nur zwei Seiten der Willenshandling mit einfachsten experimentellen Hilfsmitteln untersuchen, nämlich die Schnelligkeit der Willenshandlung im Punktierversuch und die Kraftleistung mit Hilfe des Dynamometers, so zeigte sich bald, daß eine Fülle neuer Tatsachen und Gesetze sich auffinden lassen, wenn man die Wechselwirkung der Gruppenmitglieder untereinander studiert. Welche Seite man nun auch experimentell analysiert, das Gedächtnis, Assoziation oder den Willen, stets ergibt sich, daß die Gruppe neue und eigenartige seelische Bedingungen schafft, die sich in spezifischen Änderungen der einzelnen seelischen Fähigkeiten der in einer Gruppe Vereinigten äußern. Dadurch wird ein experimenteller Beweis erbracht für die alte Grundüberzeugung, daß die Gruppe keineswegs ein summierbares Nebeneinander von Individuen ist, die lediglich den Gesetzen der Individualpsychologie gehorchen und die in der Gruppe eben nur ein Mosaik gesonderter Einzelklötzchen darstellen, sondern daß vielmehr die Gemeinschaft von Menschen neue und eigenartige Wechselwirkungen schafft, deren kausale und teleologische Zergliederung Aufgabe der Gruppenpsychologie ist. Die Ergebnisse aber dieser exakten Gruppenpsychologie sind pädagogisch deswegen so wichtig, da es nach Einführung der allgemeinen Schulpflicht so gut wie stets Gruppen von Schülern sind, die der erzieherischen Einwirkung unterstehen. Eine genaue Kenntnis aber der seelischen Bedingungen der Gruppe hat damit für die pädagogische Praxis sowie auch für die Fragen der äußern und innern Organisation eine weittragende Bedeutung" (Moede, W., 1914, S. 353 – 360 und 368).

Die Sozialpsychologie als Teilgebiet einer wissenschaftlichen Psychologie

Experimentelle Sozialpsychologie auf behavioristischer Grundlage – Ein erstes Lehrbuch (Allport, F. H., 1924)

10.1

Im Jahre 1924 erschien in den USA Floyd H. Allports (1890 – 1978) ‚Social Psychology', „das erste systematische, psychologisch konzipierte Lehrbuch der Sozialpsychologie" (Graumann, C. F., 2000, 128). Die Grundkonzeption sei „streng individualistisch und am Verhalten orientiert" (a.a.O.). Der experimentelle Teil des Lehrbuchs besteht im wesentlichen aus einer Replikation und Erweiterung der Untersuchungen Moedes (siehe Kapitel 9)[3]. Die wirkungsgeschichtliche Nachhaltigkeit der Arbeit Allports unterschied sich jedoch beträchtlich von derjenigen Moedes: Während in den USA Allports Buch als Anstoß zu einer breiten sozialpsychologischen Forschungstradition mit vielfältigen Anwendungsbezügen diente, wurde in Deutschland der Ansatz Moedes nur spärlich rezipiert und wurden Arbeiten dieser Art nicht weiter verfolgt.[4]

---

3 In der amerikanischen Psychologiegeschichtsschreibung wird der von Deutschland ausgehende Einfluss durchaus anerkannt: „The fact that Allport's conception of social psychology has been strongly influenced by the use of an experimental paradigm that had been developed in Germany suggests a strong German influence on the very conception of social psychology in the USA" (Kruglanski, A. W. & Stroebe, W. [2012], 5).

4 Bei einem Vergleich Moede vs. Allport kommt K. Danziger zu folgendem Ergebnis: „Moede limited his insights to the field of crowd psychology [...], whereas Allport generalized them to the social as such and could thus present his experimental program as a contibution to the much broader field of social psychology" (zit. nach Kruglanski & Stroebe, a.a.O.).

> „Verhalten kann im allgemeinen betrachtet werden als Zusammenspiel von Reizung und Reaktion zwischen dem Individuum und seiner Umwelt. Soziales Verhalten umfasst die Reize und Reaktionen, die zwischen einem Individuum und dem *sozialen* Teil seiner Umgebung stattfinden, d. h. zwischen dem Individuum und seinen Mitmenschen. Beispiele für solches Verhalten wären etwa die Reaktionen auf Sprache, Gesten und andere Bewegungen unserer Mitmenschen, im Gegensatz zu Reaktionen auf nicht-soziale Objekte, wie z. B. Pflanzen, Mineralien, Werkzeuge usw.. Die Bedeutung des sozialen Verhaltens ist genau die gleiche wie die des nicht-sozialen, nämlich die Verbesserung der biologisch unzureichenden Anpassung des Individuums an seine Umwelt.
>
> [...] Sozialpsychologie darf nicht in einen Gegensatz zur Psychologie des Individuums gesetzt werden; sie ist Teil der Psychologie des Individuums, dessen Verhalten sie untersucht in Beziehung zu dem Bereich der Umwelt, den es mit seinen Mitmenschen gemein hat. [...] Der Einfluss eines Individuums auf ein anderes ist immer eine Sache des Verhaltens. Eine Person stimuliert und eine andere reagiert. In diesem Prozess haben wir es mit dem Wesentlichen der Sozialpsychologie zu tun. Das Mittel, mit dem eine Person eine andere stimuliert, ist immer ein äußeres Merkmal oder eine Aktion; niemals ist es ein Bewusstsein". (Allport, F. H., 1924, 3. 4. 11. Übersetzung: G. E.)

10.2

Der theoretische Bezugspunkt Allports ist das Reiz-Reaktions-Modell (S-R-Schema) des Behaviorismus Watsonscher Prägung. Faktisch wurden ‚Reiz' und ‚Reaktion' lediglich um das Attribut ‚social' ergänzt.

Trotz der Versicherung, dass Sozialpsychologie nichts anderes sei als eine um eine bestimmte Perspektive erweiterte Psychologie des Individuums (Allgemeine Psychologie), sieht sich Allport als *Sozial*psychologe genötigt, die im Behaviorismus Watsons eliminierte Kategorie ‚Bewusstsein' in sein System zu integrieren, wenn auch als sekundäre Begleiterscheinung ohne Erklärungswert. Das heißt: Mit der Einbeziehung sozialer Parameter in den psychologischen Untersuchungsgegenstand erweist sich das orthodox-mechanistische S-R-Schema als unzureichend. Positiv formuliert: Allport gesteht dem in soziale Kontexte eingebundenen Individuum zu, dass es ein ‚soziales Bewusstsein' hat. Dieses ‚soziale Bewusstsein' manifestiere sich etwa ganz wesentlich in ‚Einstellungen' (‚attitudes'). In den 30er und 40er Jahre des 20. Jahrhunderts bildete die Einstellungsforschung ein gewichtiges Thema der Sozialpsychologie (s. die Abschnitte 13 und 18 in diesem Buch).

> „Psychologie ist die Wissenschaft, die Verhalten und Bewusstsein untersucht. Von diesen zwei Begriffen wird Verhalten an die erste Stelle gesetzt, weil es ein Erklärungsprinzip und daher fundamentaler Art ist. [...] Eine Erklärung kann nicht von einem

Verlangen, einem Gefühl, Willen oder einer Absicht hergeleitet werden [...], sondern nur von der Abfolge Reiz – neuronale Übertragung – Reaktion. Bewusstsein begleitet oft diese Ereigniskette, aber es ist niemals ein Glied in dieser Kette selbst. [...] Wir haben immer wieder festgestellt, dass wir, um soziales Verhalten zu verstehen, nicht nur den Reiz und die Reaktion in Betracht ziehen dürfen, sondern die *Vorbereitungen auf die Reaktion* [preparations for response], die im neuromuskulären System getroffen werden, berücksichtigen müssen. [...] Wir können ‚soziales Bewusstsein' definieren als das Bewusstsein, das soziale Einstellungen [attitudes] und sichtbare Reaktionen auf Reize begleitet. Es ist das Gewahrwerden [awareness] der unterschiedlichen sozialen Beziehungen" (Allport, F. H., 1924, 1. 2. 320. 329. Übersetzung: G. E.).

Die Thematisierung des ‚Selbst' als sozialpsychologische Kategorie (Mead, G. H., 1934)   11

George Herbert Mead (1863 – 1931), ein Soziologe, behandelt in seinem Hauptwerk ‚Mind, Self, and Society' (1934 posthum erschienen)[5] auf der Ebene theoretischer Reflexion genuin sozialpsychologische Problemstellungen aus soziologischer Perspektive. Ein zentrales Bestandstück seiner Konzeption ist das Konstrukt ‚der generalisierte Andere' (‚the generalized other'). Mit diesem Konstrukt bezeichnete er die erfahrungsgeleitete Integration der sozialen Umgebung in die Selbst-Bildung des Individuums. In Form des ‚generalisierten Anderen' ist das handelnde Individuum als Subjekt imstande, sich selbst als Objekt gegenüber zu treten (z. B. mittels Sprache) und Positionen der ‚anderen' einzunehmen.

In Amerika-atypischer Weise verzichtet Mead darauf, seine theoretischen Auffassungen mittels empirischer Untersuchungen zu verifizieren. Von seiner breit angelegten theoretischen Konzeption eröffnete er den Zugang zu später intensiv bearbeiteten sozialpsychologischen Themenbereichen: Ich-Identität, Selbstbild-Fremdbild-Relation, Rollen- bzw. Perspektivübernahme, Stereotypbildung, Sozialisation. Insbesondere für die heutigen Selbstdarstellungstheorien („im-

---

5 G. H. Mead hat zu Lebzeiten relativ wenig publiziert. Sein Hauptwerk ‚Mind, Self, and Society' erschien erst drei Jahre nach seinem Tod. Es wurde rekonstruiert auf der Grundlage von schriftlich fixierten Materialien aus dem Nachlass sowie von Vorlesungsmitschriften von Mitarbeitern und Studenten. Neuere Archivstudien (Huebener, 2012, 134 – 153) legen die Vermutung nahe, dass die publizierte Form des Buches in Teilen das Resultat zeitgenössisch passfähiger Interpretationen sind, die nicht der Meadschen Originaldiktion entsprechen. Für die im vorliegenden Buch zitierten Passagen (‚generalized other') dürften diese Vermutungen nicht zutreffen.

pression management') wird Mead als der entscheidende Wegbereiter bezeichnet (Mummendey, H. D., 2002, 214 f.).

> „Der grundlegende Unterschied zwischen dem Spiel (nach Regeln) und dem Spielen beruht darin, daß beim Spiel das Kind über die Haltung aller anderen, die daran teilnehmen, verfügen muss. Die Haltungen der anderen Spieler, die der Beteiligte annimmt, organisieren sich zu einer Art Einheit und kontrollieren damit die Reaktion des Individuums. Wir haben bereits das Beispiel vom Baseballspiel betrachtet. Jede Handlung des Spielers wird durch die Handlungen, die er bei seinen Mitspielern vermutet, bestimmt. Die Handlungen des Baseballspielers werden dadurch kontrolliert, daß er zugleich er selbst und jeder andere Spieler der Mannschaft ist, jedenfalls soweit deren Haltungen jeweils Einfluß auf seine eigene Reaktion haben. Wir kommen so zu einem »Anderen«, in dem sich die Haltungen aller Beteiligten organisieren.
>
> Die organisierte Gemeinschaft oder soziale Gruppe, die dem Individuum die Einheit seines Ich gibt, kann der »generalisierte Andere« genannt werden. Die Haltung des generalisierten Anderen entspricht der Haltung der gesamten Gemeinschaft. Bei einer sozialen Gruppe, wie z.B. einer Baseballmannschaft, ist also die Mannschaft insofern der generalisierte Andere, als sie – als organisierter Prozess sozialen Handelns – in die Erfahrung jedes einzelnen Mitglieds eingeht.
>
> Wenn das betreffende Individuum wirklich ein Ich entfalten soll, genügt es nicht, wenn es nur die Haltungen der anderen menschlichen Individuen gegenüber ihm und zueinander innerhalb des menschlichen sozialen Prozesses übernimmt und den gesamten sozialen Prozeß nur in dieser Form in seine individuelle Erfahrung aufnimmt. Es muss also die Haltungen der anderen zu den verschiedenen Phasen oder Aspekten der gemeinsamen sozialen Aktivität oder zu der Gruppe von sozialen Unternehmungen, an denen alle als Mitglieder einer organisierten Gesellschaft oder sozialen Gruppe beteiligt sind, übernehmen. Es muß die individuellen Haltungen dieser organisierten Gesellschaft oder sozialen Gruppe insgesamt selbst verallgemeinern und sich dadurch mit seiner Handlung an den verschiedenen sozialen Projekten der Gruppe oder an den verschiedenen größeren Phasen des allgemeinen sozialen Prozesses beteiligen. Diese allgemeinen sozialen Prozesse machen das Leben der sozialen Gruppe aus; die einzelnen Projekte sind deren spezifische Manifestationen. Diese umfassenden Aktivitäten eines sozialen Ganzen, einer organisierten Gesellschaft, finden sich im Erfahrungsfeld eines jeden Individuums, das zu dieser Gesellschaft gehört und an ihr beteiligt ist. Sie zu erfassen, bedeutet, die Grundlage und Grundvoraussetzung für die volle Entfaltung des Ich dieses Individuums zu erkennen. Nur soweit es die Haltungen der organisierten sozialen Gruppe, der es angehört, zur organisierten kooperativen sozialen Aktivität oder einer Reihe derartiger Aktivitäten, denen die Gruppe als Gruppe verpflichtet ist, übernehmen kann, kommt sein Ich zur vollen Entfaltung; nur so kann es ein voll entwickeltes Ich besitzen. Andererseits sind die komplexen kooperativen Prozesse, Aktivitäten und institutionell Funktionszusammenhänge einer organisierten menschlichen Gesellschaft nur möglich, wenn jedes Individuum, das daran beteiligt ist oder dieser Gesellschaft angehört, die allgemeinen Haltungen aller anderen Individuen ·übernehmen kann; es muß diese Haltungen, bezogen auf die Prozesse, Aktivitäten und

institutionellen Zusammenhänge, bezogen auf das organisierte soziale Ganze, auf die Erfahrungsbeziehungen und Interaktionen, die daraus entstehen, übernehmen und sein Verhalten entsprechend ausrichten.

Der soziale Prozeß beeinflußt also in Form des generalisierten Anderen die Individuen, die an diesem Prozeß beteiligt sind und ihn vorantreiben; d. h. die Gemeinschaft kontrolliert das Verhalten ihrer einzelnen Mitglieder; denn nur in dieser Form findet der soziale Prozeß, findet die Gemeinschaft als bestimmender Faktor Eingang in das Denken des einzelnen.[...] Aber denken kann der einzelne überhaupt nur, indem er sich auf diese oder jene Weise in die Haltung des generalisierten Anderen zu seiner Person versetzt; denn nur so kommt es zum Denken, zur internalisierten Verständigung mit Gesten, die für das Denken konstitutiv ist. Und nur, wenn die Individuen die Haltung oder die Haltungen des generalisierten Anderen ihnen selbst gegenüber übernehmen, kann es eine universale Mitteilung geben, wie das System allgemeiner bzw. sozialer Symbole, das Voraussetzung für den Zusammenhang des Denkens ist."

Das soziometrische Verfahren als Methode zur Analyse von Gruppenstrukturen (Moreno, J. L., 1934)

12

Das erste *systematische* Verfahren zur Analyse interpersoneller Beziehungen in Gruppen wurde von dem österreichisch-amerikanischen Psychiater und Soziologen Jacob Levy Moreno (1892 – 1974) entwickelt. Moreno beschrieb dieses Verfahren, genannt psychometrischer Test, in dem Werk ‚Who shall survive? A new approach to the problem of human interrelations' (1934). Entsprechend der Zielstellung der vorliegenden Publikation beschränken wir uns auf Morenos Darstellung des soziometrischen Verfahrens als einer sozialpsychologischen Methode. Auf den Geltungsanspruch der Soziometrie als einer gesellschaftsverändernden ‚Bewegung' gehen wir nicht ein.

Materialer Kern des soziometrischen Verfahrens sind auf vorgegebene Kriterien bezogene Partnerwahlen bzw. –ablehnungen seitens der einzelnen Gruppenmitglieder. Der graphischen Veranschaulichung der Testergebnisse dient das sog. Soziogramm. Die Auswertung der Testergebnisse kann sowohl auf individualspezifischer (Führungspersonen, Beliebtheits-‚Stars', Außenseiter usw.) als auch auf gruppenspezifischer Ebene (Gruppenkohäsion, Integriertheit usw.) erfolgen. Der Anwendungsbereich soziometrischer Verfahren war (und ist) sehr breit (Pädagogik, Wirtschaft, Personalwesen usw.). Man bedient sich ihrer nicht nur in der Sozialpsychologie, sondern auch in diversen Sozialwissenschaften, um solche Parameter wie Gruppenstruktur, ‚Gruppenatmosphäre', Gruppenentwicklung, Persönlichkeitsmerkmale usw. zu ermitteln.

„Der soziometrische Test ist ein Mittel, um die Organisation sozialer Gruppen zu messen. Im soziometrischen Test werden die Individuen einer Gruppe aufgefordert, andere Individuen ihrer eigenen oder einer anderen Gruppe zu wählen. Es wird von ihnen erwartet, daß sie die Wahl ohne Hemmung durchführen und keine Rücksicht darauf nehmen, ob die gewählten Personen zu ihrer eigenen Gruppe gehören oder nicht. Der soziometrische Test ist eine Methode der Erforschung sozialer Strukturen durch Messen der Anziehungen und Abstoßungen, die zwischen den Angehörigen einer Gruppe bestehen. Im Bereiche der menschlichen Beziehungen werden engere Bezeichnungen verwendet wie „Wahl" und „Abneigung". [...] Der soziometrische Test wurde in Familien- und Heimgruppen, in Schul- und Arbeitsgruppen ausgeführt. Er bestimmt die Stellung einer jeden Person innerhalb der Gruppe, der sie angehört, d. h. in der sie lebt oder arbeitet. Dabei zeigte sich, daß die in einer Gruppe bestehenden psychischen Strukturen weit von ihren sozialen Erscheinungsformen abweichen. [...] Der soziometrische Test wird angewendet, um genaue Kenntnis der Gruppenorganisation zu erhalten. Er beruht darauf, daß ein Individuum die Teilnehmer für irgendeine Gruppe wählt, der es angehört oder angehören möchte. Da diese Wahlen von den Personen selbst bestimmt werden, wird jedes Individuum zum Teilnehmer. Auf diese Weise legt der Test die Beziehungen der einzelnen Personen zueinander frei und gibt somit ein Bild der Gesamtstruktur. Wir gewinnen Einsicht in die eigentliche Gruppenstruktur und nicht bloß in die von außen aufoktroyierte Struktur. Unsere Methode ist gleichzeitig experimentell und synthetisch. Der soziometrische Test verbindet und vergleicht seine Ergebnisse immer mit den Methoden der äußeren, teilnehmenden Beobachtung und der Interviews.

In Schulgruppen wurde der Test in folgender Form ausgeführt: der Tester trat in das Klassenzimmer und wendete sich an die Schüler: „Ihr sitzt jetzt in der Ordnung, wie Euer Lehrer sie bestimmt hat. Euer Nachbar wurde nicht von euch gewählt. Es wird Euch nun die Gelegenheit gegeben, das Mädchen oder den Jungen zu wählen, den Ihr gerne neben Euch sitzen haben möchtet. Schreibt daher auf, wen Ihr am liebsten zum Nachbarn haben wollt. Schaut Euch um, entschließt Euch und denkt daran, daß in Zukunft diejenigen Freunde, die Ihr jetzt wählt, neben Euch sitzen werden." Es wurde eine Minute zur Überlegung der Wahl gegeben, bevor die Schüler ihre Freunde aufschrieben. Der Tester versuchte in ein Verhältnis mit den Schülern zu kommen und genau die Bedeutung der Entscheidungen auszulegen.

Unmittelbar nach der ersten Wahl wandte sich der Tester wieder an die Schüler: „Jeder kann jetzt eine zweite Wahl treffen; denn es mag sein, daß nicht jedem der Wunsch der ersten Wahl erfüllt werden kann." Die Kinder wählten in der gleichen Art wie das erste Mal. In manchen Fällen forderte der Tester die Kinder nach der zweiten Wahl noch einmal auf, andere Schüler zu wählen, bis die Wahlspontaneität der Kinder erschöpft schien. [...]

Fünf Punkte sind [...] von methodischer Bedeutung:

1. Die Spontaneität, die Gefühle und Entscheidungen eines jeden Individuums werden im Test unbedingt respektiert.

2. Alle Mitglieder der Gemeinschaft haben im Test soziometrisch gleichen Rang.

3. Jedes Individuum dieser Gemeinschaft ist ein Zentrum, von dem emotionale und intellektuelle Strömungen ausgehen.

4. Der soziometrische Test ist ein Lebens- und Aktionstest, nicht eine akademische Angelegenheit, die nur für den Experimentator von Interesse ist. Es wird an das natürliche Interesse eines jeden Individuums appelliert, das es für die Verwirklichung seiner eigenen Pläne hat, und es wird ihm klargemacht, daß es in der Macht des Testers steht, ihm dabei praktische Hilfe zu leisten.

5. Die Wahl wird immer auf ein bestimmtes Kriterium bezogen. Im [...] Beispiel hatten wir es mit dem Kriterium des Zusammensitzens mit gewählten Schülern zu tun. [...] Konstruktion des soziometrischen Tests.

Das Problem bestand darin, den Test derart zu konstruieren, daß er in erster Linie ein Motiv und einen Zweck für den einzelnen Menschen hat und weniger einen solchen für den Tester besitzt. Wenn der Testinhalt mit einem Lebensziel des Einzelnen identisch ist, kann dieser niemals das Gefühl haben, mißbraucht zu werden. Je spontaner die Entscheidungen des Individuums sind, umso besser enthüllen sie dem Tester die Stellung des Individuums innerhalb der Gruppe und sein wirkliches Verhältnis zu den anderen Mitgliedern der Gruppe. Diese freiwilligen Handlungen und spontanen Entschlüsse des Individuums können dennoch vom Tester als Test aufgefaßt und bewertet werden. Wir haben mehrere Tests entwickelt, in denen das Individuum für seine eigenen Zwecke handelt, ohne sich dabei als Forschungsobjekt vorzukommen. [...]

Der soziometrische Test untersucht die Struktur einer besonderen Gruppe, manchmal zum Zweck ihrer Neuordnung. Er ist an sich kein Experiment." (Moreno, J. L., 1996[1934], 34-41).

Einstellung (attitude) als ‚Schlüsselkonzept der Sozialpsychologie' (Allport, G. W., 1935) 13

Die Problematik ‚Einstellung' im Sinne von ‚attitude' war von den Anfängen empirischer sozialpsychologischer Forschung an ein zentrales Thema. Interessanterweise waren es die Soziologen W. I. Thomas und F. Znaniecki, die mit ihrem vielbeachteten und umfangreichen Werk ‚The Polish Peasant in Europe and America' (1918 – 1920) den Grundstein für eine Entwicklung legten, in deren Gefolge ‚attitude' zu einem ‚Schlüsselkonzept der Sozialpsychologie' (Mc Guire, 1968, 136) wurde. In historischen Rückblicken zur Einstellungsforschung wird häufig auf die 1935 von G. W. Allport (1897 – 1967) gegebene Definition von ‚attitudes' Bezug genommen. Diese Definition ist problemgeschichtlich insofern von Interesse, als sie die aus der deutschen Tradition stammenden allgemeinpsychologischen Wurzeln des Einstellungsbegriffs i. S. von Eingestelltsein auf eine bzw. Bereitschaft zu einer Handlung (engl.-amerik.: set) mit dem sozialpsychologischen Verständnis von ‚attitude' als ‚soziale Wertung' (deshalb auch ‚social attitude') zu verbinden versucht. Um den zeitgeschichtlichen Kontext der Allportschen Argumentation zu verstehen, werden im folgenden Auszug auch die der Definition selbst vorgeschalteten Erörterungen wiedergegeben.

Trotz der Synthetisierungsversuche Allports hat sich in der weiteren Entwicklung der (amerikanischen) Sozialpsychologie die semantisch engere Version von attitude als social attitude in (latenter) Abgrenzung zu set durchgesetzt.

> „Der Begriff ‚attitude' ist wahrscheinlich der gebräuchlichste und unentbehrlichste in der gegenwärtigen amerikanischen Sozialpsychologie. Kein anderer Begriff erscheint häufiger in der experimentellen und theoretischen Literatur. Seine Popularität ist nicht schwer zu erklären. Sie kommt vor allem dadurch zustande, dass dieser Begriff nicht explizit irgendeiner psychologischen Schule zugehört und insofern vortrefflich den

Bedürfnissen eklektizistischer Autoren entgegen kommt. Außerdem ist er ein Begriff, der der alten Kontroverse zwischen dem Einfluss von Erbe vs. Umwelt aus dem Wege geht. Da Einstellung Instinkt und Gewöhnung miteinander verbinden kann, wird sowohl eine extreme Erblichkeits- als auch eine extreme Umweltposition vermieden. Zudem ist der Begriff dehnbar genug, um sowohl auf das einzelne, isolierte Individuum als auch auf den breiten Bereich der Kultur angewendet zu werden. Psychologen und Soziologen finden deshalb in ihm einen Treffpunkt für Diskussion und Forschung. Dieser nützliche – man möchte fast sagen friedfertige – Begriff ist in so breitem Maße rezipiert worden, dass er mehr oder weniger zum Grundpfeiler des Gebäudes der amerikanischen Sozialpsychologie wurde. In der Tat definieren einige Autoren [...] Sozialpsychologie als wissenschaftliche Untersuchung von Einstellungen. Wie zu erwarten war, musste ein so abstrakter und strapazierbarer Begriff für die Bezeichnung vieler Dinge seitens vieler Autoren herhalten, mit dem zwangsläufigen Ergebnis, dass er irgendetwas Unbestimmtes meinte und seine Wissenschaftlichkeit fragwürdig war. [...] Zweifelsohne ist der Begriff ‚attitude' zu einer Art ‚Mädchen für alles' sowohl für Psychologen als auch für Soziologen geworden. Aber trotz der kritischen Einwände wird der Begriff heute [=1935, G. E.] nahezu universell verwendet und spielt eine zentrale Rolle in den meisten neueren systematischen Darstellungen der Sozialpsychologie. Er ist deshalb auch ein Begriff, den Studenten sorgfältig zu prüfen haben. [...]

Eine Definition von ‚Einstellungen'
Es ist nicht einfach, eine Definition zu geben, die einerseits hinreichend umfassend ist, die vielen heutzutage gebräuchlichen Varianten der Begriffsbestimmung von ‚Einstellung' abzudecken, und andererseits hinreichend eng, um solche Begriffsbestimmungen auszuschließen, die normalerweise nicht als ‚Einstellung' gelten können. [...] Der wichtigste Schwerpunkt der meisten Definitionen scheint zu sein, nicht zwischen ‚attitudes', die oft sehr allgemeiner Art sind, und ‚habits', die stets in ihrem Begriffsumfang begrenzt sind, zu unterscheiden. Jeder Versuch einer Definition ist ausgerichtet auf den Grad der Übereinstimmung, den Psychologen erreicht haben, ist aber berechtigt, wenn er zu einer noch größeren Übereinstimmung in der Zukunft beiträgt. Die folgende Definition hat das Verdienst, dass sie die verschiedenen allgemein gebräuchlichen Aspekte von ‚Einstellung' enthält: die ‚Aufgabe', das Quasibedürfnis, die ‚Bewusstseinslage', Interesse und subjektiver Wert, Vorurteil, Stereotyp, und schließlich die umfassendste Perspektive von allen: die Philosophie des Lebens. Sie schließt solche Arten von ‚Bereitschaft' aus, die ausgesprochen angeboren sind, die strikt und ausnahmslos an den Reiz gebunden sind, denen jegliche Flexibilität fehlt und die keine Gerichtetheit und Beziehung zu einem äußeren oder begrifflichen Gegenstand haben.

Definition: *Eine Einstellung ist ein mentaler oder neuronaler Bereitschaftszustand, der durch Erfahrung zustande kommt und einen gerichteten oder dynamischen Einfluss ausübt auf die Reaktion des Individuums gegenüber allen Objekten und Situationen, zu denen es in Beziehung steht."* (Allport, G. W., 1993 [1935], 565 – 575. Übersetzung: G. E.).

Verhalten als Interdependenz von Person und Umwelt – der feldtheoretische Ansatz (Lewin, K., 1942 – 1946) 14

Mit Kurt Lewin (1890 – 1947) erhielt die Sozialpsychologie eine neuartige, wirkungsgeschichtlich außerordentlich fruchtbare Ausrichtung. Das zentrale Bestandstück des Lewinschen Ansatzes ist die Feldtheorie, die sich in erster Linie als „allgemeine Methodologie" (Graumann, 2002, 17) versteht. Im folgenden sollen Auszüge aus zwei Aufsätzen (14.1 und 14.2) wiedergegeben werden, in denen der Feldbegriff erläutert und eine sog. „Formel" zur Beschreibung des Verhaltens als Interdependenz von Person und Umwelt dargestellt werden.

14.1

„Das psychologische Feld.
Wissenschaftliches Vorgehen ist analytisch, indem es die Wirkung verschiedener Faktoren zu bestimmen oder zu «isolieren» versucht. Man untersucht zum Beispiel die Wirkung verschiedener Lichtintensitäten, verschiedener Grade des Hungers oder den Effekt· von Mißerfolg und Lob auf das Kind. Gleichwohl besteht weitgehend Übereinstimmung darin, daß die Wirkung eines gegebenen Reizes von der Reizkonstellation und dem Zustand der jeweiligen Person zu dieser Zeit abhängt. Die wahrgenommene Form, Größe und Farbe eines Sehdings, die dem gleichen retinalen Reiz entsprechen, variieren stark mit dem visuellen Hintergrund und der Beschaffenheit des übrigen Gesichtsfeldes. Das Spielzeug in einem Zimmer kann zu sehr verschiedenem Verhalten des einjährigen Kindes führen, je nachdem, ob die Mutter anwesend oder abwesend ist. Allgemein ausgedrückt ist das Verhalten (V) eine Funktion (F) der Person (P) und ihrer Umwelt (U): V = F (P, U). Dieser Satz gilt sowohl für affektive Erregungen wie

für zweckgerichtete Tätigkeiten, für das Träumen, Wünschen und Denken wie auch für Erzählen und Handeln.

In dieser Formel für das Verhalten sind der Zustand der Person (P) und ihrer Umwelt (U) nicht unabhängig voneinander. Wie ein Kind seine physische Umgebung sieht (zum Beispiel ob ihm ein zugefrorener Teich gefährlich erscheint oder nicht), hängt von seinem Entwicklungsstand ab, vom Charakter dieses Kindes und von seiner Vorstellungswelt. Die Welten, in denen das Neugeborene, das einjährige und das zehn Jahre alte Kind leben, sind selbst dann verschieden, wenn die physischen und sozialen Umgebungen identisch sind. Das gilt auch für dasselbe Kind, wenn es hungrig oder gesättigt, voller Energie oder ermüdet ist. Mit andern Worten, U = F(P). Das Umgekehrte ist genau so wahr: der Zustand einer Person hängt von ihrer Umwelt ab, P = F (U). Das Befinden der Person ist nach einer Ermutigung anders als nach einer Entmutigung. Es unterscheidet sich im Bereich von Sympathie und Sicherheit von dem der Spannung, und es ist wieder anders in einer demokratischen Gruppenatmosphäre im Unterschied zur autokratischen. Die augenblickliche intellektuelle Leistungsfähigkeit eines Kindes, wie sie durch den Intelligenztest gemessen wird (IA = Intelligenzalter), ist in einer Atmosphäre guten Kontakts mit dem Untersucher verschieden von der bei schlechtem Rapport. Im Hinblick auf die Wirkung, welche die Umwelt auf die Entwicklung hat, stimmt man darin überein, daß die Umwelt die Intelligenz verändern kann. In welchem Maße das der Fall ist, darüber gehen die Meinungen. auseinander. Ohne Zweifel hängen Ideologie, Werte und Haltungen des heranwachsenden Individuums in hohem Maße von der Kultur ab, in der es aufgezogen wurde., wie auch von der Zugehörigkeit zu einer privilegierten oder weniger privilegierten Gruppe.

Zusammenfassend kann man sagen, daß Verhalten und Entwicklung vom Zustand der Person und der Umwelt abhängen: V = F(P, U). In dieser Gleichung müssen die Person (P) und ihre Umwelt (U) als wechselseitig abhängige Variablen betrachtet werden. Mit anderen Worten, um das Verhalten zu verstehen oder vorherzusagen, müssen die Person und ihre Umgebung als *eine* Konstellation interdependenter Faktoren betrachtet werden. Die Gesamtheit dieser Faktoren nennen wir den Lebensraum (L) dieses Individuums und schreiben V = F(P, U) = F(L). Der Lebensraum umschließt also beides, die Person und die Umwelt. Die Aufgabe, Verhalten zu erklären, wird dann identisch mit 1. dem Finden einer wissenschaftlichen Repräsentation des Lebensraums (L) und 2. der Bestimmung der Funktion (F), die das Verhalten mit dem Lebensraum verbindet. Eine solche Funktion (F) nennt man gewöhnlich ein *Gesetz*.

Ein Erzähler, der uns die Hintergründe des Verhaltens und der Entwicklung eines Menschen darstellt, macht uns detaillierte Angaben über seine Eltern, seine Geschwister, seinen Charakter, seine Intelligenz, seinen Beruf, seine Freunde und sein Befinden. Er unterbreitet uns diese Daten in ihrem spezifischen Zusammenhang, das heißt als Teil einer Gesamtsituation. Die Psychologie hat die gleiche Aufgabe mit wissenschaftlichen anstatt mit den Mitteln des Dichters zu erfüllen. Die Methode sollte insofern analytisch sein, als die verschiedenen Faktoren, die das Verhalten beeinflussen, voneinander eigens unterschieden werden müssen. In der Wissenschaft sind diese Daten ebenfalls in ihrem eigentümlichen Zusammenhang innerhalb der spezifischen Situation darzustellen. Eine Gesamtheit gleichzeitig bestehender Tatsachen, die als gegenseitig voneinander abhängig begriffen werden, nennt man ein Feld (Einstein, 1933).

Die Psychologie muß den Lebensraum, der die Person und ihre Umwelt einschließt, als ein Feld betrachten. Welche Mittel für die Analyse und die wissenschaftliche Darstellung eines psychologischen Feldes die angemessensten sind, muß auf der Basis der Fruchtbarkeit für die Erklärung des Verhaltens beurteilt werden. Im Hinblick darauf sollten folgende allgemeinen Gesichtspunkte in Erinnerung gehalten werden:

1. Eine Grundvoraussetzung für die richtige Führung eines Kindes oder für das theoretische Verständnis seines Verhaltens ist die Unterscheidung zwischen der Situation, wie sie der Lehrer, die Eltern oder der Experimentator sehen, und der Situation, die für das Kind als sein Lebensraum besteht. *Objektivität* in der Psychologie erfordert die korrekte Darstellung des Feldes, wie es für den fraglichen Menschen zu diesem bestimmten Zeitpunkt besteht. Für dieses Feld sind die Freundschaften des Kindes, bewußte und ‚unbewußte' Ziele, Träume, Ideale und Furcht mindestens ebenso wesentlich wie die physischen Bedingungen. Weil dieses Feld für jedes Alter und für jedes Individuum verschieden ist, kann die Situation, wie sie von der Physik oder der Soziologie charakterisiert wird und die für jeden gleich ist, nicht dafür eingesetzt werden. Gleichwohl ist wichtig zu wissen, daß die physischen und sozialen Bedingungen die Spielbreite möglicher Lebensräume - wahrscheinlich als *Grenzbedingungen* des psychologischen Feldes – abgrenzen.

2. Der soziale Aspekt der psychologischen Situation ist mindestens so wichtig wie der physikalische. Das gilt auch für das Kleinkind.

3. Um das psychologische Feld angemessen zu charakterisieren, hat man derart *spezifische* Dinge wie besondere Ziele, Reize, Bedürfnisse, soziale Beziehungen, als auch *allgemeinere* Eigenschaften des Feldes wie die Atmosphäre (beispielsweise die freundliche, gespannte, feindliche Atmosphäre) und das Maß an Freiheit zu berücksichtigen. Die Eigenschaften des ganzen Feldes sind in der Psychologie so wichtig wie beispielsweise in der Physik das Gravitationsfeld für die Erklärung von Ereignissen im Rahmen der klassischen Physik. Psychologische Atmosphären sind empirische Wirklichkeiten und sind wissenschaftlich beschreibbare Fakten.

4. Der Begriff des psychologischen Feldes als einer Determinante des Verhaltens schließt ein, daß alles, was zu einem gegebenen Zeitpunkt das Verhalten beeinflußt, zu diesem Zeitpunkt in dem Feld repräsentiert sein sollte. Weiter schließt er ein, daß nur solche Tatsachen das Verhalten beeinflussen können, die Teil des gegenwärtigen Feldes sind.

5. Um unnötige Annahmen zu vermeiden, kann man das psychologische Feld wissenschaftlich durch die Interrelation seiner Teile in Form mathematischer Ausdrücke darstellen, ohne zu fragen, was das „Wesen hinter" diesem Feld ist. Solche mathematischen Repräsentationen des psychologischen Feldes und Gleichungen, die psychologische Gesetze ausdrücken, sind alles, was man für die Vorhersage des Verhaltens kennen muß" (Lewin, K., 1963 [1946], 271 - 274).

14.2

„Oft werde ich gebeten, jene wesentlichen Züge des feldtheoretischen Ansatzes, die ihn am klarsten von anderen theoretischen Orientierungen unterscheiden, zu kennzeichnen. Was sind die grundsätzlichen Charakteristika der Feldtheorie? Die folgenden scheinen mir für diese Theorie besonders wichtig zu sein: die Anwendung einer konstruktiven anstelle einer klassifizierenden Methode; das Interesse für die dynamischen Aspekte der Ereignisse; der psychologische anstelle eines physikalischen Ansatzes; die von der Gesamtsituation ausgehende Analyse; die Unterscheidung zwischen systematischen und historischen Problemen; die mathematische Darstellung des Feldes. […]

Wie jeder wissenschaftliche Ansatz in der Psychologie ist die Feldtheorie insofern ‚Verhaltenspsychologie', als sie danach strebt, für die verwendeten Begriffe operationale Definitionen (überprüfbare Anzeichen) zu geben. […] Nach meinem Dafürhalten liegt eines der grundlegenden Kennzeichen der psychologischen Feldtheorie in der Forderung, das Feld, durch welches ein Individuum bestimmt ist, nicht in objektiven, physikalischen Begriffen zu beschreiben, sondern in der Art und Weise, wie es für das Individuum zu der gegebenen Zeit existiert. […] Eine der fundamentalen Aufgaben der Psychologie ist es, wissenschaftliche Konstrukta zu finden, die eine adäquate Darstellung psychologischer Konstellationen erlauben, damit das Verhalten des Individuums daraus abgeleitet werden kann. Das Verlangen nach operationalen Definitionen der in der Psychologie verwendeten Begriffe wird dadurch nicht abgeschwächt, vielmehr werden das Recht und die Notwendigkeit betont, in der Psychologie psychologische Begriffe zu gebrauchen. Die Eigenschaften des «Lebensraumes» eines Individuums sind teils vom Zustand des Individuums, wie er sich aus dessen Geschichte ergibt, und teils von der nichtpsychologischen – physischen und sozialen – Umgebung abhängig. Die Beziehung der zweiten zum Lebensraum ist der Beziehung von «Grenzbedingungen» zu einem dynamischen System ähnlich" (Lewin, K., 1963 [1942], 102 – 104).

14.3

Eine der Voraussetzungen für die thematische Breite der von Lewin, seinen Mitarbeitern und Nachfolgern bearbeiteten sozialpsychologischen Probleme ist die wegweisende Bestimmung des Verhältnisses von Theorie und Praxis bzw. theoretischer und angewandter Forschung. Die im folgenden Auszug enthaltene Aussage, dass nichts so praktisch sei wie eine gute Theorie, ist eine der meist zitierten Sentenzen aus Lewins Schaffen.

„Die methodologischen, Probleme […] experimenteller Sozialpsychologie sind […] auf besondere Weise mit sogenannten «angewandten» Problemen verschränkt. Selbst Experimente, die zur Lösung theoretischer Probleme entworfen wurden, haben zur

Voraussetzung: enge Zusammenarbeit zwischen Forschungsarbeiter und Praktiker, genügende Vollmacht des Experimentators und die Erkenntnis der Tatsache, daß jedwede Forschung über Gruppen bis zu einem bestimmten Grad eine soziale Handlung ist. Das Verhältnis von wissenschaftlicher Psychologie und Leben zeigt eine eigentümliche Ambivalenz. In ihren ersten Schritten als Experimentalwissenschaft wurde die Psychologie von dem Wunsche nach Exaktheit und einem Gefühl der Unsicherheit dominiert. Die Untersuchung war hauptsächlich Problemen der Sinneswahrnehmung und dem Gedächtnis gewidmet, teilweise deshalb, weil sie durch Anordnungen erforscht werden konnten, in denen die experimentelle Kontrolle und die Genauigkeit durch die aus dem physikalischen Laboratorium übernommenen Geräte gesichert wurden. Als sich das experimentelle Verfahren auf andere Bereiche der Psychologie ausdehnte und als die Forscher psychologische Probleme als eigene Gegenstände des Experimentierens gelten ließen, verblaßte die Periode der „Messinginstrument-Psychologie" langsam. Allmählich wurde die Experimentalpsychologie psychologischer und kam, besonders im Gebiete der Motivation und der Kinderpsychologie, den Lebensproblemen näher.

Gleichzeitig war eine Gegenströmung zu beobachten. Der Ausdruck «angewandte Psychologie» wurde - zu Recht oder nicht - selbst dann mit einem Verfahren, das wissenschaftlich blind war, gleichgesetzt, wenn es von praktischem Wert war. Als Ergebnis davon versuchte die «wissenschaftliche» Psychologie, die an Theorie interessiert war, zunehmend von einer zu engen Verbindung zum Leben fernzubleiben. Außerordentlich unglücklich wäre es, wenn der Zug zu theoretischer Psychologie durch die Notwendigkeit ihrer Beschäftigung mit natürlichen Gruppen geschwächt würde, sobald gewisse Probleme der Sozialpsychologie untersucht werden. Man sollte jedoch nicht blind sein gegenüber der Tatsache, daß diese Entwicklung für die theoretische Psychologie sowohl große Möglichkeiten als auch Gefahren bietet. Das größte Handikap der angewandten Psychologie war die Tatsache, daß sie ohne angemessene theoretische Hilfe der kostspieligen, wirkungslosen und begrenzten Methode von Versuch und Irrtum folgen mußte. Viele Psychologen, die heute auf dem angewandten Gebiet arbeiten, sind sich des Bedürfnisses enger Zusammenarbeit zwischen theoretischer und angewandter Psychologie sehr bewußt. Das kann in der Psychologie erreicht werden, wie es in der Physik erreicht wurde, wenn der Theoretiker angewandte Probleme nicht mit intellektuellem Überlegenheitsgefühl oder mit der Furcht vor sozialen Problemen betrachtet und wenn sich der in der Praxis stehende Psychologe klarmacht, *daß nichts so praktisch ist wie eine gute Theorie"* (Lewin, K., 1963 [1943/44], 204 f.).

15 Gruppendynamik als sozialpsychologisches Forschungsprogramm und transdisziplinäres Praxisfeld (Moreno, J. L. und Jennings, H. H., 1938; Lewin, K., 1939, 1943/44; Cartwright, D. & Zander, A., 1953; Hofstätter, P. R., 1957; Herausgeber ‚Gruppendynamik', 1970)

15.1

Der Begriff ‚Gruppendynamik' taucht zuerst bei Moreno & Jennings (1938) und Lewin (1939) auf. Bei Jacob L. Moreno (1892 – 1974) ist dieser Begriff eng in den Kontext der von ihm initiierten Soziometrie eingebunden: Gruppendynamik ist das, was im Rollenspiel (Psychodrama usw.) passiert.

> „Der Soziometriker, der die Gruppendynamik und die sozialen Gebilde studiert, befindet sich in einer anderen Situation als der Gestalttheoretiker. Er [der Soziometriker, G. E.] erforscht nicht etwas Gedachtes, die Gestalt. Er selbst bildet den Rahmen einer Gestalt und ist deshalb der Erfinder des Bezugssystems. Und er befindet sich *innerhalb* dieser Bezugssysteme, wenn er sich den zu untersuchenden sozialen Phänomenen zuwendet, *nicht außerhalb* desselben" (Moreno, J. L. & Jennings, H. H., 1980 [1938], 142. Übersetzung: G. E.).

15.2

Kurt Lewin verwendet diesen Begriff erstmalig ein Jahr später – eher beiläufig – in dem Aufsatz ‚Experiments in social space' (1939). Einen Zugang zu seinem Verständnis von ‚Gruppendynamik' gewinnt man, wenn man zunächst seine Definition von ‚Gruppe' einer Betrachtung unterzieht. Eine solche Definition gibt er in dem Aufsatz ‚Feldtheorie und Experiment in der Sozialpsychologie', der ebenfalls 1939 erschien: Gruppe sei „ein *dynamisches* Ganzes"; das die Gruppe konstituierende Merkmal sei „*dynamische* Interdependenz" (kursiv: G. E.).

Nach den im obigen Text formulierten Aussagen ist es folgerichtig, dass Lewin ‚Gruppendynamik' als „psychologisches Gebiet" (nicht Methode!) bestimmt. Es ist auch kein Zufall, dass er sich bei der Explikation seiner Auffassung über die Verschränktheit von Theorie und Praxis als Beispiel auf die Gruppendynamik bezieht.

> „Die Definition des Begriffs «Gruppe» hat eine etwas chaotische Geschichte. Der Ausdruck ist mit philosophischen und metaphysischen Überlegungen verflochten. Es war einer der Hauptdiskussionspunkte, ob die Gruppe eine Gruppenseele habe oder nicht und ob sie darum eine Entität über dem Individuum und außerhalb von ihm sei. Außerdem betonte die Diskussion häufig mit Nachdruck den Unterschied zwischen Gemeinschaft und Gesellschaft: ob man es bloß mit Dingen formaler Organisation zu tun habe oder ob es so etwas gebe wie eine «natürliche Einheit der Gruppe», die sich auf Bedingungen wie die Einfühlung gründe. Für einen Psychologen, der die historische Entwicklung der Begriffe «Ganzheit» oder Gestalt in der Psychologie verfolgt hat, klingt das meiste aus der Argumentation über die Gruppenseele merkwürdig vertraut. Die Psychologie mußte viele Schritte durchlaufen, bevor sie entdeckte, daß ein dynamisches Ganzes Qualitäten hat, die sich von den Qualitäten seiner Teile oder von der Summe seiner Teile unterscheiden. Noch vor kurzer Zeit (in der frühen Gestaltpsychologie) wurde häufig die Feststellung getroffen, daß «das Ganze mehr ist als die Summe seiner Teile». Heute kann diese Formulierung kaum als adäquat betrachtet werden. Das Ganze ist nicht «mehr» als die Summe seiner Teile, sondern es hat andere Eigenschaften. Der Satz sollte lauten: «Das Ganze ist etwas anderes als die Summe seiner Teile.» Mit andern Worten, es besteht keine Wertüberlegenheit des Ganzen. Beide, Ganzes und Teile, sind gleichermaßen wirklich. Anderseits hat das Ganze bestimmte eigene Eigenschaften, die nur ihm zukommen. […]
>
> Faßt man die Gruppe als dynamisches Ganzes auf, dann sollte eine Definition der Gruppe auf die wechselseitige Abhängigkeit ihrer Glieder abstellen (oder, besser, auf die Teilbereiche der Gruppe). Mir scheint es ziemlich wichtig, diesen Punkt zu betonen; denn viele Definitionen der Gruppe benutzen als konstituierenden Faktor die Ähnlichkeit der Gruppenangehörigen anstatt ihre dynamische Interdependenz. Die Gruppe wird zum Beispiel häufig definiert als aus einer Anzahl bestimmter Personen zusammengesetzt, die bestimmte Ähnlichkeiten, besonders Ähnlichkeiten von Haltungen, aufweisen. Ich meine, man sollte sich vergegenwärtigen, daß eine solche

Definition fundamental verschieden ist von einer Definition der Gruppe, die auf die Interdependenz ihrer Glieder abstellt. Es ist sehr wohl möglich, daß eine Anzahl Personen bestimmte Ähnlichkeiten haben - beispielsweise das Geschlecht, die Rasse, die ökonomische Stellung, die Haltungen -, ohne eine Gruppe im Sinne wechselseitig abhängiger Teile eines sozialen Ganzen zu sein. Überall in der Welt haben die Frauen, die ungelernten Arbeiter, die Bauern ein gewisses Maß an Ähnlichkeit. Es wäre sogar möglich, eine Gruppe von Negern in Louisiana von armen Weißen in Kentucky und Bauern in China mit großer ökonomischer Ähnlichkeit herauszugreifen. Es mag angehen, in dieser Hinsicht «Typen» oder «Klassen» zu unterscheiden. Das schließt aber nicht ein, daß diese Personen in irgendeinem größeren Ausmaß voneinander abhängig sind. Für einige dieser ökonomischen Klassen zeigen die Entwicklungen der heutigen Zeit ein zunehmendes Maß an Interdependenz, das heißt sie zeigen einen Trend in Richtung auf die Herausbildung internationaler Gruppen. Anderseits braucht eine Gruppe nicht unbedingt aus Angehörigen zu bestehen, die eine große Ähnlichkeit aufweisen. Tatsächlich gilt für soziale Gruppen wie für jedes Ganze irgendeines Gegenstandsgebietes, daß ein Ganzes mit sehr hohem Grad an Einheitlichkeit sehr unähnliche Teile enthalten kann. Zweifellos zeigen beispielsweise Mann, Frau und Säugling innerhalb einer Familie weit größere Unähnlichkeit als jeder Angehörige dieser Gruppe mit anderen Individuen (Säuglingen, Männern, Frauen) außerhalb der Gruppe. Für gut organisierte Gruppen mit hohem Einheitlichkeitsgrad ist es typisch, daß sie eine Anzahl von Angehörigen umfassen, die verschieden sind und unterschiedliche Funktionen innerhalb des Ganzen haben. Nicht die Ähnlichkeit, sondern eine gewisse Interdependenz ihrer Glieder konstituiert eine Gruppe" (Lewin, K., 1963 [1939], 182 - 184).

15.3

Der Begriff ‚Gruppendynamik' avancierte schnell zu einem geradezu inflationär gebrauchten Schlagwort in diversen Anwendungsbereichen (Psychotherapie, Personalwesen, Pädagogik usw.). Um einer möglichen Begriffsdiffusion zu begegnen, gaben zwei Lewin-Schüler, D. Cartwright und A. Zander, eine lehrbuchartige Definition von ‚group dynamics' und eine Aufgabenbestimmung. Der originäre Bereich, für den ‚group dynamics' als Basisbegriff diente, war die Kleingruppenforschung.

„Gruppendynamik ist ein Forschungsgebiet, das dem Erkenntnisgewinn über die Natur der Gruppen, die Gesetze ihrer Entwicklung und ihrer Wechselbeziehungen mit anderen Individuen, anderen Gruppen und größeren Institutionen dient. Sie zeichnet sich aus durch die Bezugnahme auf empirische Forschung mit dem Ziel, Ergebnisse von theoretischer Bedeutung zu gewinnen; sie betont in Forschung und Lehre die dynamischen Aspekte des Gruppenlebens, hat große Bedeutung für alle Sozialwissenschaften; ihre Ergebnisse sind potentiell anwendbar für die Verbesserung sozialer Verhältnisse" (Cartwright, D. & Zander, A., 1953, 29 f, Übersetzung: G. E.).

15.4

In der deutschsprachigen sozialpsychologischen Literatur der Nachkriegszeit widmet als erster P. R. Hofstätter der Gruppendynamik eine eigenständige Abhandlung. Sein Buch ‚Gruppendynamik' (1957) ist u. a. in zweifacher Hinsicht wissenschaftshistorisch von Belang:

1. Das Buch trägt den Untertitel ‚Kritik der Massenpsychologie'. Das Konzept ‚Gruppendynamik' mit der Hervorhebung des positiven Einflusses der Gruppe auf das Individuum (‚Leistungsvorteil der Gruppe') wird als Gegenentwurf zur Massenpsychologie (mit ihrer Auffassung vom destruktiv-negativen Einfluss der Masse auf das Individuum) dargestellt.
2. Gegenüber der in manchen Kreisen der Gruppendynamik ‚angedachten' Übertragung von Ergebnissen der Kleingruppenforschung (z. B. gruppentherapeutische Zusammenhänge bzw. Effekte) auf eine Makro-Ebene (gesamtgesellschaftliche Reformvorschläge wie z. B. Morenos Utopie einer ‚soziometrischen Revolution') meldet Hofstätter Skepsis an.

„Diese Forschungsunternehmen [der Gruppendynamik, G. E.] beschäftigen sich hauptsächlich mit ziemlich kleinen Gruppen von höchstens ein bis zwei Dutzend Personen, die einander von Angesicht zu Angesicht (‚face to face') kennen. Von solcher Art sind auch Familien, Nachbarschaften, Cliquen in Betrieben, Spielgemeinschaften, psychiatrische Therapiekreise usw.. Diese Gruppen sind einfach und übersichtlich. ‚Sie bieten sich daher als Modell für die Untersuchung komplizierterer Gruppen an' (v. d. Gablenz). Es liegt nahe, diese komplizierteren Gruppen von der Größenordnung des Staates sozusagen als Gruppen von Gruppen aufzufassen. Ob und inwieweit uns freilich das Klein-Gruppen-Modell ein Verständnis der Groß-Gruppen ermöglichen wird, und in welchem Umfang sich die an Laboratoriumsgruppen gewonnenen Einsichten auf die Ernstgruppen des Lebens übertragen lassen, kann heute noch nicht mit hinlänglicher Sicherheit abgeschätzt werden" (Hofstätter, P. R., 1957, 180).

15.5

In neuerer Zeit ist ‚Gruppendynamik' in erster Linie die Bezeichnung für ein transdisziplinäres Querschnittsunternehmen mit betontem Anwendungscharakter, einer enormen Breite der Arbeitsfelder und differenzierten Organisationsstrukturen. Im Geleitwort ‚Was wir wollen' der seit 1970 erscheinenden Zeitschrift ‚Gruppendynamik' werden als hauptsächliche Referenzdisziplinen Psychologie, Soziologie und Pädagogik genannt, wobei Sozialpsychologie merkwürdigerweise zu den „Nachbardisziplinen" u. a. der Psychologie gezählt und nicht als integraler Bestandteil der letzteren verstanden wird. (Zum Spannungsverhältnis zwischen forschungsorientierten und anwendungsorientierten Konzeptionen von Gruppendynamik vgl. Lück, H. E., 1972, 123 – 126.)

> „Was wir wollen.
> Die ‚Gruppendynamik' will zwischen Wissenschaftlern und Praktikern aus dem Bereich der Psychologie, der Soziologie und der Pädagogik unter Berücksichtigung ihrer Nachbardisziplinen wie Sozialpsychologie, Psychiatrie, Gruppentherapie, politische und Wirtschaftswissenschaften, Anthropologie, Verhaltensforschung und Sozialpädagogik eine Verbindung herstellen und die Erkenntnisse dieser Fachrichtungen über die Dynamik in Gruppen für die Anwendung in allen Bereichen des sozialen Lebens zur Diskussion stellen. Diese Zeitschrift befasst sich mit den Prozessen, durch die das Verhalten von Menschen und Institutionen beeinflußt wird. In einer Zeit, in der sich die technologische Entwicklung überstürzt, bedürfen die Verantwortlichen in Erziehung, Verwaltung, Wirtschaft und Verbänden eines fundierten Verständnisses der Gruppenprozesse. Die ‚Gruppendynamik' enthält Beiträge über empirische Forschungen und über kritische Theoriebildung im Bereich von Gruppen, besonders im Hinblick auf die Zusammenarbeit und Leitungsfunktionen in Hochschulen und Schulen, in Anstalten, Behörden, Betrieben, Verbänden und Vereinen, Gemeinden und Jugendgruppen, Teams und Mannschaften. Weiter werden praktische Probleme sozialer Verhaltensweisen untersucht und Fragen an die Forschung gerichtet" (Redaktionskollegium ‚Gruppendynamik' 1, 1970, 1).

Ein Modell zur Beschreibung der Rationalität des interpersonellen Verhaltens: Balancetheorie (Heider, F., 1946)

16

Der österreichisch-amerikanische Psychologe Fritz Heider (1896 – 1988) promovierte bei dem ‚Haupt' der Grazer Schule der Ganzheitspsychologie, Alexius Meinong, ließ sich in Berlin von den Ideen der Gestaltpsychologie inspirieren und emigrierte 1936 in die USA, um zunächst als Mitarbeiter des zum Gründungstrio der Gestaltpsychologie gehörenden Kurt Koffka tätig zu sein, bevor er an der University of Kansas eine Professur erhielt.

Mitte der 40er Jahre (des 20. Jh.) legte er zwei bedeutende Arbeiten vor: mit der einen (1944) markierte er die Anfänge der Attributionsforschung, mit der anderen (1946) skizzierte er die erste Version einer Konsistenztheorie: die Balancetheorie.

Die ursprünglich zum Zwecke der Beschreibung von Phänomenen der Personwahrnehmung konzipierte Balancetheorie mündete letztlich in eine Konzeption zur Charakterisierung der Dynamik interpersonellen Verhaltens schlechthin. Nach Heider liegen dem interpersonellen Verhalten affektiv-kognitive Konfigurationen zugrunde, deren Beziehungsglieder entweder den Zustand der Balance(+) oder der Imbalance(-) aufweisen. Beispiel: Wenn eine Person p eine andere Person o gut leiden kann („like") und sowohl p als auch o Jazzmusik (x) lieben, dann ist bei dieser Dreierbeziehung ein Zustand der Balance gegeben; graphisch ausgedrückt: p + o; p + x; o + x. Bei der gegenteiligen Relation („dislike") liegt Imbalance vor: p – o; p – x; o – x.. Heider meint, eine durch Balance gekennzeichnete affektiv-kognitive Konfiguration sei relativ stabil und das soziale Verhalten sei konstabil. Konfigurationen, die Imbalance aufweisen, seien labil und erzeugen

Spannung, die auf Veränderungen (gegebenenfalls im Sinne Erzielung von Konsistenz) gerichtet sind.

Die Allgemeingültigkeit der von Heider behaupteten Wirkungen von Balance und Imbalance auf das reale Sozialverhalten gilt als empirisch nicht hinreichend gesichert. Dennoch sind die zum Teil als ‚naiv' apostrophierten Modellvorstellungen Heiders wirkungsgeschichtlich von erheblicher Bedeutung; u. a.

- Ausgangspunkt für weitere (z. T. effizientere) Konsistenztheorien (Newcomb; Festinger [s. Abschnitt 20])
- Impulse für Forschungen über ‚Attraktion'
- Einflüsse auf die Einstellungsforschung (Einstellungsänderung als Ergebnis der durch Imbalance erzeugten Spannung).

Die folgenden Auszüge beschränken sich auf die Darstellung des erkennbaren ‚Grundgerüsts' der Balancetheorie:

> „Einstellungen zu Personen und kausale Herleitung des wechselseitigen Einflusses
>
> Eine Einstellung zu einem Ereignis kann die Einstellung zu der Person, die das Ereignis verursacht hat, verändern und, wenn die Einstellungen zu einer Person und zu einem Ereignis ähnlich sind, wird das Ereignis leicht der Person zugeschrieben. Ein Balance-Zustand liegt vor, wenn die Einstellung den Teilgliedern einer Kausaleinheit ähnlich ist. [...] Unter Einstellung werden wir die positive oder negative Beziehung einer Person p zu einem nicht-personalen Tatbestand x (eine Situation, ein Ereignis, ein Gedanke oder ein Ding usw.) verstehen. Beispiele [für solche Beziehungen, G. E.] sind: jemand mögen, lieben, schätzen, achten, und das Gegenteil davon. Eine positive Beziehung dieser Art beschreiben wir als L, eine negative als ~L. pLo heißt dann: p mag, liebt oder achtet o, oder – anders ausgedrückt – o steht zu p in einem positiven Verhältnis. Die Beziehung ‚einheitlicher Zusammenhang' [‚unit'] wird als U beschrieben. Beispiele sind: Ähnlichkeit, Nähe, Kausalität, Mitgliedschaft, Besitz, Zugehörigkeit. pUx heißt z. B.: p besitzt x oder p bringt x hervor usw., p~Ux heißt: p hat nichts mit x zu tun usw. . Andere Beziehungen, die auf vielfältige Weise wie ‚einheitliche Zusammenhänge' zu funktionieren scheinen, sind: p ähnelt o; p weiß gut Bescheid über o oder x; p befindet sich in der Situation von x. Bei der Zusammenschau all dieser Beziehungen werden wir natürlich die Unterschiede zwischen diesen zu beachten haben. Nur in einer ersten Näherung können sie als zu einer Klasse gehörig behandelt werden.
>
> Diese Hypothese kann im großen und ganzen so formuliert werden: (a) Ein Balance-Zustand liegt vor, wenn ein Sachverhalt den gleichen dynamischen Charakter in allen möglichen Hinsichten hat (z. B. p bewundert o und gleichzeitig mag er ihn); wenn pLo oder p~Lo, dann trifft das für alle Bedeutungen von L zu.

(b) Ein Balance-Zustand liegt vor, wenn alle Teile eines einheitlichen Zusammenhangs den gleichen dynamischen Charakter haben (d. h., wenn alle positiv oder alle negativ sind) und wenn Sachverhalte mit unterschiedlichem dynamischen Charakter von einander getrennt werden. Wenn ein Zustand keine Balance aufweist, dann werden Kräfte auf diesen Zustand einwirken. Entweder werden sich die dynamischen Merkmale verändern oder die einheitlichen Zusammenhänge werden verändert durch Handlung oder kognitive Neuorganisation. Wenn eine Veränderung nicht möglich ist, wird der Zustand der Nicht-Balance Spannung erzeugen.

Der erste Teil der Hypothese (a) bezieht sich auf den Einfluss der wechselseitigen dynamischen Beziehungen oder Einstellungen aufeinander. Da die unterschiedlichen dynamischen Beziehungen logisch nicht ineinander enthalten sind (‚p mag o' impliziert nicht ‚p bewundert o'), kann der bzw. das gleiche o oder x in einer Hinsicht positiv, in einer anderen negativ sein. Ein Beispiel zu diesem Punkt ist der Konflikt zwischen Pflicht und Neigung. Es gibt eine Tendenz, die unterschiedlichen dynamischen Beziehungen miteinander in Einklang zu bringen mittels kognitiver Umgestaltung (Rechtfertigungen oder Rationalisierungen). Ein anderes Beispiel wäre, geliebte Personen zu bewundern und bewunderte Personen zu lieben.

Zahlreich sind die Möglichkeiten, die den zweiten Teil der Hypothese [b] betreffen. Sie können klassifiziert werden nach den Relationsgliedern, die die Konfigurationen bilden:

(a) Person und nicht-personaler Sachverhalt (p, x)
(b) Zwei Personen (p, o)
(c) Zwei Personen und ein nicht-personaler Sachverhalt (p, o, x)
(d) Drei Personen (p, o, q).

Viele der Beispiele scheinen die Hypothese zu erhärten. Beispiele, die nicht dazu passen, können möglicherweise zu einer erweiterten Einsicht in das Wesen der dynamischen Merkmale und der einheitlichen Zusammenhänge führen. Alle Beispiele beziehen sich auf den Lebensraum von p. Das trifft auch zu auf oLp, was demzufolge bedeutet: p denkt, dass o den oder die p mag oder bewundert.

Zu (a): p und x. Da p zu sich selbst gewöhnlich ein positives Verhältnis hat, wird ein Balance-Zustand bestehen, wenn etwa p das mag, was irgendwie mit ihr vereinbar ist, oder wenn sie das nicht mag, was sie von x trennt. Die Fälle (pLx) + (pUx) und (p~Lx) + (p~Ux) weisen auf Balance hin. Beispiele: p mag Dinge, die sie/er selbst macht; p möchte Dinge besitzen, die sie/er mag oder p schätzt das, was sie/er gewohnt ist.
Zu (b): p und o. Analog werden zwei Balance-Zustände für p und o sein: (pLo) + (pUo) und (p~Lo) + (p~Uo). Beispiele: p mag seine/ihre Kinder und Menschen, die zu ihm/ihr passen; p hat es nicht leicht, mit Menschen zusammen zu leben, die er/sie nicht mag; p neigt dazu, bewunderte Personen zu imitieren; p möchte es gerne haben, dass die geliebte Person ihm/ihr ähnlich ist. pUo ist ein symmetrisches Verhältnis, das heißt pUo impliziert oUp. [...]

Zu (c): p, o, x. Die Kombinationen werden zahlreicher bei drei Gliedern, die eine Konfiguration ergeben. Nur ein paar Möglichkeiten sollen erwähnt werden. Wir werden immer zuerst den Balance-Zustand angeben und danach die Beispiele anführen: (pLo) + (pLx) + (oUx). p und o sind positiv besetzt und Teile einer Einheit. Beispiele: p bewundert die Kleidung der/des geliebten o; p will, dass sein/ihr Freund o ihn/ihr von Nutzen ist.

Eine scheinbare Ausnahme ist ein Fall von Neid. Wenn o x besitzt (oUx) und p x mag (pLx), dann kann es oft sein, dass p o nicht mag (p~Lo). Diese Ausnahme kann aus der Tatsache resultieren, dass Besitz eine eins-mehrere-Relation ist. Eine Person kann viele Dinge besitzen; jedes Ding hat aber gewöhnlich nur einen Besitzer. Deshalb schließt die Relation „o besitzt x" die Relation „p besitzt x" aus, anders gesagt: oUx impliziert p~Ux. Da pLx zu pUx hintendieren kann, entsteht ein Konflikt [...]

Der zweite Teil der Hypothese (b) muss folgendermaßen lauten: In Falle von drei Gliedern einer Konfiguration liegt Balance vor, wenn alle drei Beziehungen in jeder Hinsicht positiv sind oder wenn zwei negativ und eine positiv sind. Beispiele: (pLo) + (oLx) + (pUx): p mag o, weil o Handlungen von p bewundert; p möchte, dass sein Freund o Erzeugnisse von ihm (p) mag; p will etwas tun, das sein Freund bewundert: (pUo) + (pLx) + (oLx). Beispiele: p will, dass sein Sohn das mag, was er selbst mag; p mag x, weil sein Sohn es (x) mag.

Zu (d): p, o, q. Von den vielen möglichen Fällen wollen wir nur einen betrachten: (pLo) + (oLq) + (pLq). Beispiel: p will, dass seine/ihre zwei Freunde sich gegenseitig mögen. Dieses Beispiel zeigt, als Parallele zu x anstatt q, die psychologische Transitivität der L-Relation. [...]

[Resumé:] Eine Sichtung der behandelten Beispiele legt die Schlussfolgerung nahe, dass ein großer Teil des interpersonalen Verhaltens und der sozialen Wahrnehmung determiniert ist oder zumindest ko-determiniert durch einfache kognitive Konfigurationen. Diese Tatsache wirft auch ein Licht auf das Problem des Verständnisses von Verhalten. Mit diesem Problem befasste Forscher gingen oft auf den ihm innewohnenden Aspekt der Rationalität ein. Max Weber und andere hoben eine bestimmte Art von Rationalität im Verhalten hervor, nämlich die Rationalität des Mittel-Zweck-Verhältnisses. Die Auswahl der geeigneten Mittel, um einen Zweck zu erreichen, erfordert eine „gute", eine „rationale" Handlung, und wir können sie verstehen. In Lewins Konzept des hodologischen Raumes wird diese Art von Rationalität beschrieben. Zwar ist verstehbares menschliches Verhalten nicht immer so geartet, aber es beruht auf einfachen Konfigurationen von U-[=kognitiven; G. E.] und L-[=affektiven; G. E.] Beziehungen. Da sie sowohl Verhalten als auch Wahrnehmung determinieren, können wir auf diese Weise soziales Verhalten verstehen" (Heider, F., 1946, 107 – 112, Übersetzung: G. E.).

Gruppendruck und individuelles Urteilsverhalten (Asch, S. E., 1951) 17

Der in Polen geborene und seit 1920 in den USA tätige Forscher Solomon E. Asch (1907 – 1996), der der Gestaltpsychologie nahe stand, hat ein breites Spektrum sozialpsychologischer Themen bearbeitet (z. B. experimentelle Studien zur Eindrucksbildung). Wirkungsgeschichtlich als besonders bedeutsam erwiesen sich seine Untersuchungen zum Einfluss von Gruppen-Mehrheitsmeinungen auf das Urteilsverhalten des einzelnen Individuums. In der vorliegenden Textsammlung wird die Originalstudie von 1951 in deutscher Übersetzung auszugsweise vorgestellt. In den nachfolgenden Jahren erschienen zahlreiche Studien zu dieser Thematik mit modifizierten experimentellen Settings.

„Wir beschreiben hier in kurzgefaßter Form Entwurf und erste Ergebnisse eines Forschungsprogrammes über die Bedingungen, von denen die Unabhängigkeit oder Nachgiebigkeit gegenüber einem von einer Gruppe ausgehenden Druck abhängt. […]

Unser unmittelbares Ziel war, die sozialen und persönlichen Bedingungen zu untersuchen, die Einzelpersonen veranlassen, solchen Gruppeneinflüssen nachzugeben oder zu widerstehen, die als den Tatsachen widersprechend erlebt werden. Die sich ergebenden Probleme sind offensichtlich für die Gesellschaft bedeutungsvoll: Ob eine Gruppe sich unter bestimmten Bedingungen einem bestehenden Druck fügt oder nicht, kann entscheidend sein. Ebenso direkt sind die Auswirkungen für Einzelpersonen und für unser Verständnis ihres Verhaltens. Es ist von entscheidender Wichtigkeit, ob eine Person selbständig handelt oder ob sie sich Gruppeneinflüssen zu beugen pflegt.

Diese Fragestellung erfordert direkte Beobachtung bestimmter grundlegender Wechselwirkungen zwischen Individuen sowie zwischen Individuen und Gruppen. Diese Wechselwirkungen zu erhellen erscheint nötig, um wesentliche Fortschritte im Verständnis der Bildung und Umbildung von Einstellungen, des Wirkens der öffentlichen Meinung und der Propaganda zu erzielen. Noch gibt es keine adäquate Theorie dieser zentralen psychosozialen Prozesse. Die empirische Forschung richtete sich vorwiegend nach allgemeinen Annahmen über Gruppeneinflüsse, die in der Regel nicht geprüft wurden. Sie stützte sich mit wenigen Ausnahmen auf rein deskriptive Formulierungen über die Wirkung von Suggestion und Prestige, deren Unzulänglichkeit immer offenkundiger wurde, und auf eine schematische Anwendung der Reiz-Reaktions-Theorie. [...]

Der Versuch und seine ersten Ergebnisse
Wir entwickelten eine Versuchstechnik, die als Grundlage für die vorliegende Untersuchungsreihe diente. Wir gingen so vor, daß wir eine Einzelperson in starken Konflikt zu allen anderen Mitgliedern einer Gruppe brachten. Die Wirkung auf die Einzelperson wurde quantitativ gemessen, die psychologischen Folgen registriert. Eine Gruppe von 8 Personen wurde angewiesen, eine Serie einfacher, klar strukturierter Wahrnehmungen zu beurteilen:

Von jeweils drei verschieden langen Linien war die einer vierten Linie auszuwählen. Jedes Mitglied der Gruppe sagte seine Urteile laut an. Während dieses einförmigen »Tests« fand sich eine Einzelperson plötzlich dem Widerspruch der ganzen Gruppe gegenüber, und dieser Widerspruch trat im Laufe des Versuchs immer wieder auf. Alle Versuchspersonen bis auf eine hatten vorher von dem Versuchsleiter Weisung erhalten, an bestimmten Stellen mit einstimmigen falschen Urteilen zu antworten. Die Fehler der Mehrheit waren groß (zwischen 0,5 und 1,75 inches), von einer Größenordnung, die im Kontrollversuch nicht vorgekommen war. Die nicht instruierte Versuchsperson, die wir in die Lage einer Ein-Mann-Minderheit inmitten einer einstimmigen Mehrheit versetzt hatten, war der Gegenstand der Untersuchung.

Sie erlebte, möglicherweise zum erstenmal, daß eine Gruppe einstimmig dem Zeugnis ihrer Sinne widersprach. Dieser Vorgang war der Anfang der Untersuchung und der Ausgangspunkt weiterer Untersuchungen. Seine Hauptmerkmale waren die folgenden:

(1) Die Versuchsperson wurde zwei einander widersprechenden Kräften ausgesetzt, ihrer eigenen, völlig klaren Wahrnehmung und dem einstimmigen Zeugnis einer Gruppe Gleichgestellter.

(2) Beide Kräfte waren Teil der augenblicklichen Situation: Die Mehrheit war physisch anwesend.

(3) Die Vp, die wie alle anderen ihre Urteile laut ansagen mußte, war gezwungen, sich zu äußern und einen bestimmten Standpunkt gegenüber der Gruppe einzunehmen.

(4) Die Situation war »geschlossen«: Die Vp konnte dem Dilemma nicht ausweichen oder durch Berufung auf Tatsachen außerhalb der Versuchssituation entgehen. [...]

Die angewandte Technik ermöglichte eine einfache quantitative Messung des ‚Mehrheitseffektes' durch die Häufigkeit der Abweichungen in der Richtung der falschen Schätzungen der Mehrheit. Gleichzeitig legten wir von Anfang an Wert darauf, Material darüber zu gewinnen, wie die Vpn die Gruppe erlebten, ob sie unschlüssig wurden, ob sie versucht waren, sich der Mehrheit anzuschließen. Vor allem wollten wir die Gründe für Unabhängigkeit oder Nachgiebigkeit der Vp feststellen, z. B. ob die nachgebende Vp den Einfluß der Gruppe wahrnahm, ob sie ihr Urteil freiwillig aufgab oder sich hierzu gezwungen fühlte. Zu diesem Zweck stellten wir einen umfassenden Satz von Fragen zusammen, der als Rahmen für das unmittelbar an den Versuch anschließende Einzelinterview diente. Gegen Ende dieses Interviews wurde jede Vp über den Zweck des Versuches, ihre Rolle und die der anderen unterrichtet. Die Reaktionen auf diese Eröffnungen wurden sogar zu einem wesentlichen Teil der Versuchsanordnung. Wir können sagen, daß die aus diesen Interviews bezogenen Informationen zu einer unentbehrlichen Quelle von Einsichten in die psychologische Struktur der Versuchssituation und insbesondere die Art der individuellen Unterschiede wurden.

Überdies ist es weder gerechtfertigt noch ratsam, die Vpn gehen zu lassen, ohne ihnen eine vollständige Erklärung der Versuchsbedingungen zu geben. Der Versuchsleiter ist der Vp gegenüber verpflichtet, ihre Zweifel aufzuklären und darzulegen, warum sie diesen Versuchsbedingungen unterworfen wurde. Hierauf reagierten die meisten Vpn mit Interesse. Viele äußerten ihre Dankbarkeit für das Erlebnis einer eindrucksvollen Situation, die für menschliche Belange Bedeutung hat. Die Mitglieder der »Mehrheit« und die tatsächlichen Vpn waren College-Studenten. Wir geben die Ergebnisse für die 50 Vpn des Versuches wieder. In Tabelle 1 fassen wir die aufeinanderfolgenden Vergleiche und die von der Mehrheit abgegebenen Schätzungen zusammen.

Tabelle 1 Längen der Standard- und Vergleichslinien

Versuch-Nr.	Länge der Standardlinie (in inches)	Vergleichslinien (in inches) 1	2	3	Richtige Antwort	Gruppenantwort	Abweichung der Mehrheit vom wahren Wert (in inches)
1	10	8,25	10	8	2	2	—
2	2	2	1	1,5	1	1	—
3	3	3,75	4,25	3	3	2*	+ 0,75
4	5	5	4	6,5	1	2*	— 1,0
5	4	3	5	4	3	3	—
6	3	3,75	4,25	3	3	2*	+ 1,25
7	8	6,25	8	6,75	2	3*	— 1,25
8	5	5	4	6,5	1	3*	+ 1,5
9	8	6,25	8	6,75	2	1*	— 1,75
10	10	8,75	10	8	2	2	—
11	2	2	1	1,5	1	1	—
12	3	3,75	4,25	3	3	1*	+ 0,75
13	5	5	4	6,5	1	2*	— 1,0
14	4	3	5	4	3	3	—
15	3	3,75	4,25	3	3	2*	+ 1,25
16	8	6,25	8	6,75	2	3*	— 1,25
17	5	5	4	6,5	1	3*	+ 1,5
18	8	6,25	8	6,75	2	1*	— 1,75

Anmerkung: * = Falsche Schätzungen der Mehrheit.

Die quantitativen Ergebnisse sind klar und eindeutig: (1) Es zeigt sich eine ausgeprägte Bewegung zur Mehrheit hin. Ein Drittel aller Schätzungen der Versuchsgruppe waren Fehler, die sich mit den verzerrten Schätzungen der Mehrheit deckten oder in dieser Richtung lagen. Es hebt die Bedeutung dieses Resultats klar hervor, daß in der Kontrollgruppe, die ihre Schätzungen schriftlich niederlegte, so gut wie keine Irrtümer vorkamen. Die Daten der Versuchs- und Kontrollgruppe sind in Tabelle 2 zusammengefaßt. (2) Dennoch war die Wirkung der Mehrheit keineswegs vollständig. Die Mehrzahl (68%) der von der Versuchsgruppe abgegebenen Schätzungen war trotz des von der Mehrheit ausgehenden Druckes richtig. (3) Wir fanden Hinweise auf erhebliche individuelle Unterschiede. In der Versuchsgruppe gab es Vpn, die durchwegs unbeeinflußt blieben; andere schlossen sich der Mehrheit fast immer an. (Die größtmögliche Anzahl von Fehlern war 12, während die tatsächliche Spanne von 0-11 reichte.) Ein Viertel der Vpn blieb völlig unbeeinflußt, während ein Drittel der Gruppe die Schätzungen in mindestens 50 % der Versuche in Richtung der Mehrheit verschob.

Tabelle 2: Verteilung der Fehler in Versuchs- und Kontrollgruppe

Zahl der Fehler	Versuchsgruppe* (N = 50) Häufigkeit	Kontrollgruppe (N = 37) Häufigkeit
0	13	35
1	4	1
2	5	1
3	6	
4	3	
5	4	
6	1	
7	2	
8	5	
9	3	
10	3	
11	1	
12	0	
Summe	50	37
Mittel	3,84	0,08

Anmerkung:
* Alle Fehler der Versuchsgruppe lagen in der Richtung der Schätzungen der Mehrheit.

Die Unterschiede in der Reaktion der Vpn waren ebenso auffällig. Manche blieben durchwegs sicher, andere verloren die Orientierung, begannen zu zweifeln und empfanden den dringenden Wunsch, sich nicht von der Mehrheit zu unterscheiden. Zur Veranschaulichung geben wir eine kurze Beschreibung einer unbeeinflußten und einer nachgiebigen Vp.

Der Unabhängige erschien nach einigen Tests erstaunt und begann zu zögern. Immer, wenn er mit der Mehrheit nicht übereinstimmte, antwortete er so: »3, Sir«; »2, Sir«; nicht aber, wenn er übereinstimmte. Beim vierten Versuch antwortete er gleich als zweiter, schüttelte den Kopf und flüsterte seinem Nachbarn zu: »Ich kann mir nicht helfen, es ist 1.« Seine späteren Antworten kamen geflüstert, von entschuldigendem Lächeln begleitet. Einmal lächelte er verlegen und flüsterte impulsiv seinem Nachbarn zu: »Verflixt, ich bin immer anderer Meinung.« Bei der Befragung antwortete er immer wieder: »Ich nannte sie, wie ich sie sah, Sir.« Er bestand auf der Richtigkeit seiner Schätzungen, ohne sich jedoch darauf festlegen zu lassen, daß die der anderen falsch wären. »Ich sehe sie so, und die anderen so«, bemerkte er. Wäre eine praktische Entscheidung unter solchen Umständen zu treffen, würde er der eigenen Ansicht folgen, »obwohl ein Teil meiner Vernunft mir sagen würde, daß ich unrecht haben könnte«, wie er erklärte. Unmittelbar nach dem Versuch verwickelte ihn die Mehrheit in eine kurze Diskussion; als sie ihn zu der Aussage drängen wollte, er allein hätte recht und die ganze Gruppe unrecht, rief er trotzig aus: »Wahrscheinlich habt ihr recht, aber ihr könntet unrecht haben.« Auf die Erklärung des Versuchs hin sagte er, er fühle sich »triumphierend und erleichtert« und fügte hinzu: »Ich will nicht leugnen, daß ich manchmal das Gefühl hatte, zum Teufel damit, ich schließe mich den anderen an.«

Der Nachgiebige schloß sich der Mehrheit in 11 von 12 Tests an. Er erschien nervös und einigermaßen verwirrt, versuchte aber nicht der Diskussion auszuweichen, sondern war durchaus hilfsbereit und bemüht, zu antworten, so gut er konnte. Er eröffnete die Unterredung mit der Feststellung: »Wenn ich der erste gewesen wäre, hätte ich wahrscheinlich anders geantwortet.« Damit wollte er sagen, daß er die Schätzungen der Mehrheit übernommen hatte. Der Grundfaktor in seinem Fall war der Verlust des Selbstvertrauens. Er empfand die Mehrheit als eine entschiedene Gruppe, die ohne Zögern handelte. »Wenn sie unschlüssig gewesen wären, hätte ich mich anders verhalten, aber sie antworteten mit so viel Bestimmtheit.« Einige seiner Fehler, erklärte er, seien auf die Unklarheit der Vergleiche zurückzuführen; in solchen Fällen sei er mit der Mehrheit gegangen. Als der Zweck des Versuchs erklärt wurde, meinte er spontan: »Etwa in der Mitte des Versuchs schöpfte ich Verdacht, aber ich versuchte ihn zu unterdrücken.« Es ist interessant, daß dieser Verdacht nicht imstande war, sein Selbstvertrauen wiederherzustellen und die Macht der Mehrheit zu verringern. Ebenso bemerkenswert ist seine Aussage, er habe angenommen, der Versuch enthalte eine »Sinnestäuschung«, der die anderen, nicht er, unterworfen wären. Auch diese Annahme verhalf ihm nicht zur Unabhängigkeit; im Gegenteil, er benahm sich, als stelle sein Abweichen von der Mehrheit einen Defekt dar. Er machte den Eindruck eines Menschen, der so in augenblicklichen Schwierigkeiten befangen ist, daß er nicht mehr mit klarer Überlegung handelt und keine vernünftige Entscheidung mehr treffen kann. [...]

Zusammenfassung:
Wir untersuchten die Wirkung von Mehrheitsmeinungen, die den Tatsachen sichtlich widersprachen, auf Einzelpersonen. Mit Hilfe einer einfachen Technik erzeugten wir radikale Divergenzen zwischen einer Mehrheit und einer Minderheit und beobachteten, wie Einzelpersonen mit den entstehenden Schwierigkeiten fertig wurden. Trotz der Belastung durch die Versuchsbedingungen erhielt ein beachtlicher Anteil der Einzelpersonen ihre Unabhängigkeit durchwegs aufrecht. Gleichzeitig gab ein beachtlicher Teil der Einzelpersonen nach, sie änderten ihre Urteile in Richtung auf die Mehrheit. Unabhängigkeit bzw. Nachgiebigkeit sind eine Funktion folgender Hauptfaktoren:

(I) Der Charakter der Reizsituation. Variationen der strukturellen Klarheit haben entscheidende Wirkung: mit verminderter Klarheit der Reizsituation erhöht sich der Mehrheitseffekt.

(2) Der Charakter der Gruppenkräfte. Einzelpersonen sind sehr empfindlich gegenüber strukturellen Eigenschaften der Gruppenopposition. Insbesondere zeigten wir die große Bedeutung der Einstimmigkeit. Ferner hängt der Mehrheitseffekt von der Größe der Gruppenopposition ab.

(3) Der Charakter der Einzelperson. Es gab große und wirklich auffallende Unterschiede zwischen Einzelpersonen in derselben Versuchssituation. Wir stellen die Hypothese auf, daß diese Unterschiede von verhältnismäßig dauerhaften Charakterzügen der Personen abhängig sind, besonders solchen, die für ihre sozialen Beziehungen relevant sind" (Asch, S. E., 1969 {1951], S. 57 - 73).

18 Die Fokussierung der Einstellungsforschung auf das Problem der Einstellungsänderung (Hovland, C. I., 1951)

In den 40er Jahren des 20. Jahrhunderts kam es in der US-amerikanischen Sozialpsychologie zu einer massiven Konzentration der Einstellungsforschung auf das Problem der Einstellungs*änderung*. Curt I. Hovland (1912 – 1961), der führende Protagonist dieses Trends[6] berichtet, dass mit dem Eintritt der USA in den Zweiten Weltkrieg (1941) die Psychologie des Landes sich mit kriegsrelevanter Anwendungsforschung konfrontiert sah, so u. a. mit der Untersuchung des „Einflusses verschiedener Formen der Massenkommunikation auf Einstellungen und Meinungen von Soldaten" (Hovland, 1951, 424). Hovland selbst arbeitete über derartige Probleme (Wirkung von militärspezifischen Filmen auf die ‚Moral' der Soldaten). Er war allerdings der Meinung, dass man ‚Einstellungsänderung' nicht auf den Anwendungsaspekt reduzieren dürfe, sondern dass dieses Thema einen die gesamte Psychologie betreffenden Gegenstand darstelle und demzufolge einer theoretischen Fundierung und stringenter methodischer Vorgehensweise bedürfe. Die Grundzüge eines solchen theoretisch-methodisch tragfähigen Programms entwickelt er in dem Aufsatz ‚Changes in Attitude through Communication' (1951). Auszüge aus diesem Aufsatz sollen im Folgenden in deutscher Übersetzung wiedergegeben werden:

---

[6] Nach W. J. Mc Guire (1968, 138) ist der Anteil, den C. Hovland an der Entstehung und Entwicklung der Einstellungsänderungsforschung hatte, vergleichbar mit der Rolle, die K. Lewin in bezug auf die Gruppendynamik spielte.

18.1

„Allgemeine Aussagen zur Theorie und Methodik (Einstellungsänderung als gesamtpsychologischer Gegenstand; Primat der experimentellen Methodik bei ergänzender Anwendung nicht-experimenteller Methoden).

Wir wollen zunächst Ziele und Methoden unserer Forschung darstellen. Je tiefer wir in das Gebiet der Einstellungsänderung eindringen, desto mehr wird uns bewusst, dass es nicht möglich ist, dieses Gebiet von der Psychologie als ganzer abzukoppeln. Wir müssen zwangsläufig auf Probleme der Wahrnehmung, der Motivation, des Lernens, der Emotion, der Begriffsbildung und des Denkens, der Persönlichkeit und der sozialen Beziehungen eingehen. Es ist klar, dass das Gebiet der Einstellungsänderung kein isolierter Wissensbereich sein kann. Dennoch gibt es einige Merkmale des hier zur Diskussion stehenden Programms, die sich von anderen Programmen der Kommunikationsforschung unterscheiden. An erster Stelle liegt die Betonung auf theoretischen Fragen und Grundlagenforschung, im Gegensatz zur großen Anzahl von Einstellungsänderung-Arbeiten, die mehr eine „Handlungs"-Empfehlung sind. Praktische Probleme können nur bearbeitet werden, wenn es klare Anzeichen dafür gibt, dass sie Nutzen erbringen für die Formulierung oder Lösung einer theoretischen Fragestellung.

Folglich sind die Ergebnisse gleichwohl relevant für die Anwendung auf Personen, die an der Veränderung der Einstellung anderer interessiert sind, wie für diejenigen, die vermeiden wollen, durch andere beeinflusst zu werden.

Die meisten Untersuchungen wenden kontrollierte Experimente an, bei denen verschiedene Faktoren, die auf Einstellungsänderung Einfluss ausüben, durch gezielte Anweisungen isoliert werden. Wir hoffen, auf diese Weise die zahlreichen Forschungsarbeiten, die anders vorgehen (Verwendung von Fragebögen, Korrelationsanalysen), zu ergänzen. Unsere Erfahrung hat zweifellos die vielzitierte Bemerkung Lewins bestätigt, dass man ein Phänomen erst wirklich verstehen kann, wenn man es herstellt durch eine Veränderung seiner Bedingungen. Hauptsächlich wegen der besseren Möglichkeit einer strengen experimentellen Kontrolle sind die Kommunikationswege, die wir benutzen, auf einen Einbahnstraßen-Typ beschränkt: eine festgelegte Information wird der untersuchten Population vorgegeben, und die Kommunikation zwischen den Teilnehmern wird begrenzt. Da unser Hauptaugenmerk auf die experimentelle Manipulation von Variablen gerichtet ist, wäre es vermessen zu erwarten, dass alle Hypothesen unmittelbar einer experimentellen Prüfung unterzogen werden können. Zwangsläufig sind ausführliche Fallstudien und Befragungsmethoden erforderlich, um dem Problem besser gerecht zu werden bzw. abzuklären, ob die theoretisch eingegrenzten Bedingungen im speziellen Fall tatsächlich vorliegen. Aber das Ziel bei der Anwendung nichtexperimenteller Methoden besteht primär darin, Hypothesen für eine spätere experimentelle Prüfung oder eine vorläufige Erkundung der in einer komplexen Situation enthaltenen Variablen aufzustellen" (Hovland, C. I., 1951, 426, Übersetzung: G. E.).

18.2

„Systematischer Themenkatalog der Einstellungsänderungs-Forschung (Zusammenhang von Motivation und Einstellungsänderung; Gruppe [Gruppenkommunikation, Gruppennormen] als Einflussfaktor für Einstellungsänderung; allgemeinpsychologische Variablen der Einstellungsänderung; Einfluss vergangener Erfahrung auf Einstellungsänderung; Dauerhaftigkeit von Einstellungsänderung; differentiell-psychologische Aspekte).

Ich möchte kurz [...] ein halbes Dutzend Forschungsthemen skizzieren, die uns beim gegenwärtigen Stand der Beschäftigung mit Problemen der Einstellungsänderung bewegen. Diese Beschreibung wird eher ein „Fortschrittsbericht" als eine endgültige Zusammenfassung der geleisteten Arbeit sein.

I. Einstellungsänderung ist als Lernprozess beschreibbar. Der Motivation kommt dabei eine zentrale Rolle zu. Vorlieben und Abneigungen werden durch Lebenserfahrungen erworben, wobei menschliche Bedürfnisse befriedigt oder nicht befriedigt werden. Parallel dazu resultieren Abwandlungen der Einstellung aus der Erzeugung von Motiven, die durch den Gebrauch von Symbolen und deren Befriedigung oder Nichtbefriedigung vermittelt werden. [...] Eine ganze Menge von Grundlagenforschung auf dem Gebiet der Motivation ist noch erforderlich, bevor eine geeignete Messung der Wirkungen verschiedener Kommunikationsarten auf Motivationen möglich ist. Erkundungsuntersuchungen zu Wirkungen der Motiverzeugung durch Kommunikation [...] wurden durchgeführt. Interessante Unterschiede ergaben sich bei der Erzeugung sozial missliebiger Motive (Sexualität) im Vergleich zur Erzeugung sozial gebilligter.

II. Ein zweiter Forschungsbereich beschäftigt sich mit der Frage, wie Einstellungen im Rahmen der Kommunikation in Gruppen, in denen ein Individuum Mitglied ist, beeinflusst wird. Die enge Beziehung zwischen Einfluss der Gruppe und Motivationsbereich liegt nahe wegen der enormen Fähigkeit sowohl formeller als auch informeller Gruppen, ihren Mitgliedern vielfältige Bekräftigungen zu geben oder diese zu verweigern. Unser Hauptinteresse gilt den Faktoren, die den Umfang beeinflussen, in dem die Mitgliedschaft in Gruppen zum Festhalten an Einstellungen bei Gegendruck zur Einstellungsänderung beiträgt. Die Bedeutung der Beziehungen des Individuums zur Gruppe ist geprüft worden mittels eines Vergleiches der Einstellungen, die in Gruppen mit hoher und niedriger Kohäsion geäußert wurden, und zwar unter zwei Bedingungen: zum einen wurde die Einstellung erfasst, die privat und anonym zum Ausdruck gebracht wurde, zum anderen wurde die Einstellung öffentlich vor der Gruppe bekundet. Die theoretische Vorhersage ist, dass der Unterschied zwischen öffentlicher und privater Äußerung [der Einstellung, G. E.] größer ausfällt bei Gruppen mit niedriger Kohäsion als bei denen mit hoher.

III. Ein dritter Bereich – ein Grundproblem der gesamten Gruppenforschung – ist die Analyse des zentralen internen Prozesses, der bei der Einstellungsänderung stattfindet. Eine angemessene Analyse muss die Rolle, die die verschiedenen Aspekte dieses Prozesses bei der Einstellungsänderung spielen (namentlich Wahrnehmung, Vorstellung, Urteilsbildung, symbolische Prozesse, implizite Verbalisierung usw.), herausarbeiten. Dieser Bereich ist freilich nur schwer untersuchbar, weil der Prozess nicht direkt beobachtet werden kann, und leider ist es nur selten möglich, von Gegentheorien scharf unterscheidbare Vorhersagen zu machen. Folglich muss unsere Arbeit auf diesem Gebiet Erkundungscharakter tragen. In vielen unserer Untersuchungen versuchen wir, die Versuchspersonen über ihre anfängliche Wahrnehmung zu befragen und versuchen, dass die Versuchspersonen so vollständig wie möglich ihre Gedanken, wie sie auf die Kommunikation reagieren, in Worte fassen.

IV. Ein viertes Gebiet betrifft den Einfluss vergangener Erfahrung auf die Einstellungsänderung. [...] Es wurde eine Untersuchung durchgeführt zu dem Problem, wie frühere Informationen die Reaktion auf neue Informationen über Ereignisse in der Welt beeinflussen, da der Modus, wie ein Ereignis gedeutet wird, häufig bestimmt wird durch den Modus, auf den das Individuum eingestellt war.

V. Ein fünfter Forschungsbereich ist die Untersuchung der Dauerhaftigkeit von Einstellungsänderungen, die durch Kommunikation herbeigeführt wurden. In Untersuchungen während der Kriegszeit [Zweiter Weltkrieg, G. E.] erhielten wir das erstaunliche Ergebnis, dass Einstellungen unter gewissen Bedingungen eine größere Änderung zeigten, wenn nach der Kommunikation ein gewisser Zeitraum verstrichen war, als wenn unmittelbar danach geprüft wurde. Dazu wurden verschiedene Hypothesen aufgestellt, die geprüft wurden [...].

VI. Bei fast jeder Untersuchung interessiert man sich nicht nur für allgemeingültige Wirkungen bestimmter Faktoren, sondern auch für die Variabilität von Individuum zu Individuum bei gleichem Kommunikationsmuster. Persönlichkeitsdispositionen sind demzufolge ein zentrales Problem. In einer Untersuchung [...] zur Wirkung von angsterzeugenden Szenarien wurden Persönlichkeitsfragebögen verwendet, um zu erforschen, auf welche Weise ursprünglich ängstliche Versuchspersonen durch Kommunikation [zur Einstellungsänderung, G. E.] beeinflusst wurden, im Vergleich zu Versuchspersonen, die als weniger ängstlich galten"

(Hovland, C. I., 1951, 427 – 434, Übersetzung: G. E.).

Kleingruppenforschung als experimentell-sozialpsychologischer Gegenstand (White, R. & Lippitt R., 1953)

19

Die Kleingruppenforschung erlebte in den 40er bis 60er Jahren des 20. Jahrhunderts ihre Blütezeit. An dieser Entwicklung waren sowohl Psychologen als auch Soziologen („Mikrosoziologie') gleichermaßen beteiligt. Nach Irle (1969, 451) dürfe man „nicht unterschätzen, in welchem Ausmaß moralische und politische Werthaltungen" die Zuwendung zur Kleingruppenforschung veranlasst haben.

Wegweisend für die sozialpsychologische Kleingruppenforschung war die Studie ,Verhalten von Gruppenleitern und Reaktionen der Mitglieder in drei ,sozialen Atmosphären"der Lewin-Schüler R. White und R. Lippitt. Als unabhängige Variable ihres Gruppenexperiments nutzten sie die drei in einer Arbeit von 1939 (Lewin, K., Lippitt, R. & White, R. K.: Patterns of aggressive behavior in experimentally created ,social climates') beschriebenen Führungsstil-Varianten. Für den relativen Rückgang des Interesses an der Kleingruppenforschung nach den 60er Jahren werden u. a. methodenkritische Gründe geltend gemacht (es wurde vorwiegend mit ,artifiziellen' Gruppen gearbeitet; externe Validität wird als problematisch eingestuft; unzulässige Generalisierungen).

Vorbemerkungen zu folgendem Text: Die Studie von White und Lippitt besteht aus zwei Teilen: 1. Verhalten des Leiters, 2. Die wichtigsten Unterschiede im Verhalten der Jungen. Da es im hiesigen inhaltlichen Kontext schwerpunktmäßig um den Einfluss unterschiedlicher Führungsstile auf Gruppen- und Individualprozesse geht, scheint die Beschränkung auf eine Wiedergabe des zweiten Teils gerechtfertigt zu sein. Wir benutzen die deutsche Übersetzung der Studie (Übersetzerin: A. v. Cranach), die in die von M. Irle (1969) herausgegebene Sammlung ‚Texte der experimentellen Sozialpsychologie' aufgenommen wurde.

„Diese Studie wurde in zwei Abschnitten durchgeführt: Einem Vorversuch folgte eine zweite, ausgedehntere Untersuchung. Das ursprüngliche Ziel des ersten Versuches war, Methoden zur Erzeugung und Beschreibung der »sozialen Atmosphären« von Kinderklubs und der quantitativen Erfassung der Wirkung verschiedener sozialer Atmosphären auf das Gruppenleben und individuelles Verhalten zu entwickeln. Zwei Formen der Einflußnahme auf das Gruppenleben, »demokratisch« und »autokratisch« genannt, dienten als experimentelle Variable. Die zweite Studie verfolgte mehrere Zwecke: Der für diesen Bericht wichtigste ist die Untersuchung der Wirkung dreier Spielarten der sozialen Atmosphäre (»autokratisch«, »demokratisch« und »laissez-faire«) auf das Verhalten der Gruppe und der einzelnen Kinder.

Die Bedeutung der Adjektive, die hier zur Benennung der sozialen Atmosphären verwendet wurden, ist von der ihnen in politik- oder wirtschaftswissenschaftlichen Diskussionen beigemessenen Bedeutung notwendigerweise etwas verschieden. In der ersten Studie (Experiment I) arbeitete derselbe Leiter mit zwei Klubs. Eine Gruppe wurde demokratisch, die andere autoritär geführt; jede bestand aus fünfzehnjährigen Mitgliedern. Das Verhalten von Leiter und Mitgliedern wurde von Beobachtern registriert. [...]

Im zweiten Versuch (Experiment II) wurden vier Gruppen zehnjähriger Jungen verwendet; auch hier bestanden die einzelnen Klubs aus fünf Mitgliedern und trafen sich nach der Schule zur Beschäftigung mit Liebhabereien. Die Gruppen waren einander in interpersonellen Beziehungen, intellektuellem, physischem und wirtschaftlichem Status und persönlichen Charaktereigenschaften etwa angeglichen. Vier erwachsene Leiter wurden perfekt in den drei Führungsbehandlungen ausgebildet. Sie wurden alle sechs Wochen zu einem anderen Klub versetzt, wobei gleichzeitig jeder seinen Führungsstil wechselte; so erlebte jeder Klub jeden der drei Führungsstile unter einem anderen Leiter. Alle Klubs trafen sich am gleichen Ort und betrieben die gleiche Beschäftigung mit ähnlichen Materialien. Das Verhalten der Leiter und die Reaktion der Jungen wurden bei jedem Treffen beobachtet. Auch wurden die Jungen über ihre Meinungen über den Klub, ihre Eltern über die Eltern-Kind-Beziehungen befragt. [...]

Im folgenden wird das für jede der drei Führungsarten typische Verhalten beschrieben. Der zweite Teil dieses Berichtes beschreibt das Verhalten der Mitglieder unter der Führung ein und desselben Leiters bei jeder der Variationen. [...]

II. Die wichtigsten Unterschiede im Verhalten der Jungen.

[...] Wir wollen jetzt die Ergebnisse der Versuche ausführlich und systematisch anhand der wichtigsten statistischen Unterschiede im Verhalten der Kinder unter autokratischer, demokratischer oder Laissez- Faire- Führung darstellen. Zusammenfassende Diagramme sind am Ende dieser Arbeit zu finden. Die Ergebnisse können in sechs allgemeine Feststellungen zusammengefaßt werden:

A. Laissez-Faire war nicht dasselbe wie Demokratie

Laissez-Faire war weniger organisiert, weniger wirksam und mit Sicherheit für die Kinder weniger befriedigend als demokratische Leitung. [...] Das Verhalten der Jungen im Laissez-Faire und in der Demokratie unterschied sich in folgenden Punkten:

1. Im Laissez-Faire arbeiteten die Kinder weniger und schlechter als in der Demokratie. In der Demokratie betrugen die Zeitspannen allgemeiner Vertiefung in konstruktive Tätigkeit oder der psychologischen Beteiligung an der Arbeitssituation 50 %, im Laissez-Faire 33 % der Gesamtzeit; die Zeitspannen allgemeinen Nichtstuns betrugen in der Demokratie 0,2 %, im Laissez-Faire 5% der Gesamtzeit. Der Unterschied in der Qualität der fertigen Arbeiten war noch größer, als diese Zahlen andeuten. Das Fehlen aktiver anleitender Vorschläge im Laissez-Faire führte oft zu Unordnung und zu entmutigenden und erbitternden Mißerfolgen und Rückschlägen bei den Arbeiten. Manche Fälle von offener Aggression und Interessenverlust sind direkt auf solche Mißerfolge zurückzuführen: Eddie und Bill mischten Gips, ehe sie Sand für einen Abdruck beschafften. Mr. Davis griff nicht ein, um ihnen zu sagen, daß angerührter Gips schnell hart wird. Van untersucht den Gips und findet ihn hart. Eddie, Bill und Van machen einen Handabdruck und wollen Gips jetzt eingießen, finden ihn aber in der Büchse hart geworden. Eddie stampft in den Sand, wobei er den vorbereiteten Abdruck zerstört. Finn und Hamil machen neue Gewehre. Jeder trödelt müßig herum außer Bill, der sich weiter bemüht, den hartgewordenen Gips aus der Büchse zu bekommen. Es droht allgemeine Unordnung auszubrechen.

2. Im Laissez-Faire wurde mehr gespielt. Verspielte Gespräche mit anderen Jungen treten mehr als 2,5mal häufiger auf als in der Demokratie (33 im Vergleich zu 13; signifikant auf dem 1%-Niveau). In dieser Kategorie sind reine Albernheiten mit erfaßt. [...]

B. Demokratische Leitung kann sehr wirkungsvoll sein

Argumente zugunsten der Autokratie erheben oft den Anspruch, ein demokratischer Führungsstil sei nicht durchschlagskräftig genug, um bestimmte Ziele zu garantieren (etwa einen Krieg zu gewinnen, Produktionskosten zu senken oder ein Kind zu den nötigen grundlegenden Fertigkeiten zu erziehen). Es ist daher interessant, den Wirkungsgrad der demokratisch geführten Gruppen in unserem Versuch eingehend zu betrachten. Erreichten diese Gruppen die Ziele, die sie erreichen wollten? Im großen und ganzen, ja. Die Frage ist nicht einfach zu beantworten, weil die Jungen nicht ausschließlich Arbeitsleistungen anstrebten. In dieser Hinsicht war die Situation natürlich nicht den vielen Situationen vergleichbar, in denen die Gesellschaft verlangt, daß ein bestimmtes Ziel durch an sich nicht wünschenswerte Methoden erreicht wird. Unsere Klubs waren Freizeitklubs; sie waren ‚zum Vergnügen' da, und die Kinder kamen in der Erwartung, sich durch die Gesellschaft der anderen Kinder und wahrscheinlich auch durch gelegentliche lustige Tobereien ebenso zu unterhalten wie durch Basteln, Tischlern, Malen und organisierte »crime-games«. Die Rücksicht auf diese durchaus berechtigten Wünsche der Kinder macht es vielleicht nötig, den» Wirkungsgrad« der Gruppenführung nicht nur nach den Arbeitsleistungen, sondern auch hinsichtlich dieser sozialen Ziele zu bewerten. Von diesem kombinierten Standpunkt aus gesehen war die Demokratie sicher »wirksamer« als die beiden anderen Führungsstile, da sie beide Zwecke gleichzeitig erfüllte; die autokratisch geführten Gruppen erreichten hauptsächlich Arbeitsziele, die Laissez-Faire-Gruppen, wenn überhaupt welche, die der Unterhaltung. Aber auch hinsichtlich der Arbeitsziele waren die demokratischen Gruppen nach unseren Befunden etwa ebenso durchschlagskräftig wie die autokratischen. Diese Feststellung stützt sich auf die Gesamteindrücke der Beobachter und Untersucher und zieht auch bestimmte Faktoren der Wirksamkeit in Erwägung, die in der Autokratie und solcher, die in der Demokratie mehr hervortreten. Einerseits wurde in der Autokratie, zumindestens in jenen Gruppen, die submissiv auf diesen Führungsstil reagierten, viel Arbeit geleistet. In solchen Gruppen machte der Zeitanteil allgemeiner Vertiefung in die Arbeit 74 % aus (im Vergleich zu 50 % in der Demokratie und 52 % in dem einen Fall einer aggressiven Gruppenreaktion auf autokratische im Experiment). Andererseits war das echte Interesse an der Arbeit in der Demokratie fraglos höher. Das geht aus dem Vergleich der Häufigkeit arbeitsbezogener Gespräche hervor (63 derartige Bemerkungen pro Kind in der demokratisch geführten Gruppe im Vergleich zu 53 in der aggressiv und 52 in der submissiv auf die autokratische Führung reagierenden Gruppe). Die Differenz erreicht das 1%-Niveau der Signifikanz nicht, deutet aber doch an, daß das Interesse an der Arbeit in der Demokratie mindestens ebenso groß war wie in der Autokratie. Zur Illustration einige arbeitsbezogene Bemerkungen:

»Sagt mal, wer hat die Säge?« - »Ich brauche einen Meißel, um das auszumeißeln.« - »Wieso sind ein paar dieser Stücke größer als die anderen?« - »Weil sie hier zu den Flügelenden gehören.« - »Ich glaube, alle diese Stücke gehören zusammen.« - »Na, das soll gerade stehen!«

Die Differenzen im echten spontanen Arbeitsinteresse im Verhalten der Jungen bei Abwesenheit des Leiters sind verläßlicher. Bezeichnenderweise blieben in der Demokratie die Kinder bei ihrer Arbeit, wenn der Leiter den Raum für kurze Zeit verließ, während die Jungen in der Autokratie aufhörten zu arbeiten, wenn sie allein gelassen wurden (als wären sie froh, eine Aufgabe los zu sein, die sie tun »mußten«). In der Demokratie sank die allgemeine Arbeitsbeteiligung in der Abwesenheit des Leiters von 50% auf 46 %, in der aggressiv reagierenden autokratische Gruppe fiel der Anteil von 52 % auf 44 % in den drei submissiv reagierenden autokratischen Gruppen von 74 % auf 29 %. Schließlich und endlich hatten die Untersucher den Eindruck, daß Spiel und Arbeit in den Demokratien einen höheren Grad an „Originalität" - oder an »kreativem Denken« zeigte als in den beiden anderen Führungsformen. Das Ausmaß an kreativen Ideen über die jeweilige Arbeit war größer als in der Autokratie, die Gedanken besser fundiert und praktischer als im Laissez-Faire.

C. Autokratie kann viel Feindseligkeit und Aggression hervorrufen, auch Aggression gegen einen Sündenbock.

Das Wort ‚kann' ist hier wichtig, weil diese Reaktion nicht immer zu beobachten war. Sie trat in sehr ausgeprägter Form im 1. Experiment auf und bis zu einem gewissen Grad in einer der vier Gruppen des 2. Experimentes, aber die anderen drei Gruppen des 2. Experimentes reagierten submissiv und zeigten deutlich weniger aggressives Verhalten als die demokratischen Gruppen.

Das 1. Experiment ergab die klarsten Befunde:

1. »Dominierende Einflußnahme« kam 392mal in der autokratischen und nur 81mal in der demokratischen Gruppe vor. Die Kategorie »Einflußnahme« zeigte keinen signifikanten Unterschied zwischen den Gruppen (63 % des Kind-zu-Kind-Verhaltens in der Autokratie und fast ebensoviel, 57%, in der Demokratie. Offenbar war der Terminus »Einflußnahme« so weit gefaßt, daß er psychologisch mehr oder weniger nichtssagend war). Als drei Arten von Einflußnahme unterschieden wurden, nämlich dominierende, objektive und freundliche, zeigte sich, daß die dominierende Einflußnahme hochgradig charakteristisch für die autokratische Gruppe war, während freundliche und objektive für die demokratische Gruppe typisch waren.
Und hier einige Beispiele dominierender Einflußnahme: »Sei still.« - Zwei Kinder sehen zur Tür herein, Sarah und Jack weisen sie mit der Bemerkung: »Unerwünscht« ab. »Räum du sie weg - du hast sie hingeworfen.« - »Gib mir etwas von der Farbe-(Bemerkungen dieser Art sind als dominierend oder objektiv klassifiziert, je nach Zusammenhang und Ton). Diese wurden unter »dominierende« gezählt.- »Hol einen Topf Wasser, Jack.. - »Warum holst du ihn nicht selber?« Freundliche Einflußnahme dagegen kam in der autokratischen Gruppe 24mal, 230mal in der demokratischen Gruppe vor: »Laß uns das anmalen.« - »Trag die Flaschen da hinüber.« - »Du mußt alle Ritzen ausfüllen.« - »Mach deine Seite lieber voll. «

2. Ausgesprochene Feindseligkeit kam 186mal in der autokratischen und nur 6mal in der demokratischen Gruppe vor; das entspricht 18% bzw. weniger als 1 % aller erfaßten sozialen Interaktionen. Die Kategorie ist in der größeren »dominierenden Einflußnahme« enthalten. Einige Beispiele: »Ihr habt noch gar nichts geschafft.« - »Paß auf, Tom, hör auf zu werfen.« -»Fang nicht an zu maulen. Ich würde an deiner Stelle nicht zuviel reden.« - »Mein Gott, Tom, weißt du denn gar nichts?«

3. Aggressive Forderungen nach Aufmerksamkeit kamen 39mal in der autokratischen und 3mal in der demokratischen Gruppe vor: Joe (laut): »Mir scheint, ich mache das sehr gut!« - Tom: »Ich bin viel schlauer als du - Junge, Junge ... « - Harry: »Und ob du kannst.« - Joe: »Natürlich habe ich 3 Radios, ich muß es doch wissen.« - Alle anderen: »Hast du nicht.« - Joe: »Doch.«

4. Zerstörung eigenen Besitzes war zu Ende der Zusammenkünfte der autokratischen Gruppen auffällig und kam in der demokratischen Gruppe überhaupt nicht vor: Nachdem der Leiter der autokratischen Gruppe ankündigt, daß keine weiteren Treffen mehr stattfinden, verhalten sich die Kinder sehr merkwürdig. Der Leiter bittet Harry und Jack, noch Papier als Arbeitsunterlage auf den Boden zu legen. Sie legen es hin und rennen und springen dann wie wild darauf herum. Die Masken werden (nach Abstimmung) ausgeteilt, und Jack beginnt sofort, die seine wild herumzuwerfen, wobei er vorgibt, daraufzuspringen. Er wirft sie wieder und wieder auf den Boden und lacht dazu. Ray will wissen, ob seine Maske zerbrechen kann, dann

beginnt er auch, sie herumzuwerfen. Später jagen sich Jack und Harry wild im Zimmer herum.

5. Sündenbockverhalten kam in der autokratischen Gruppe auffällig oft, in der demokratischen fast gar nicht vor. »Sündenbockverhalten« ist hier als Konzentration oder Polarisation von Gruppenaggressionen auf ein einzelnes, »unschuldiges« Objekt definiert, d. h. auf eine Person oder eine Gruppe, die in Wirklichkeit keine dem Ausmaß der Aggression entsprechende Bedrohung oder Frustration repräsentiert.

Man kann annehmen, daß in unserem Fall in der autokratischen Gruppe die meiste Frustration vom Leiter verursacht wurde; dennoch war der Großteil der resultierenden Aggressionen nicht gegen ihn, sondern gegen Klubmitglieder gerichtet. Man könnte diese Aggression als »verschobene« Aggression bezeichnen. Wenn diese verschobene Aggression sich auf eine einzelne Person konzentriert, wie es im 1. Experiment zweimal in der autokratischen Gruppe vorkam, kann sie als »Sündenbockverhalten« bezeichnet werden.

D. Autokratie kann latente Unzufriedenheit erzeugen

Weniger auffällig, aber von grundlegenderer Bedeutung als das Problem der Aggression ist das der Befriedigung aller Bedürfnisse. Unter welchem Führungstyp ist die Wahrscheinlichkeit, daß die Bedürfnisse der Kinder befriedigt werden, größer und warum?

Die Antwort ist keineswegs einfach. Es gibt keinen Grund für die Annahme, daß die Demokratie der unmittelbaren persönlichen Zufriedenheit zuträglicher ist. Es ist eine wohlbekannte Tatsache, daß die Autokratie oft gewisse Bedürfnisse der Regierenden wie der Regierten befriedigt - vielleicht die regressiven. Befriedigung kann auch im Passiven liegen, im Nicht-denken-Müssen und in der (irrealen) Identifizierung mit einem starken, determinierenden Führervorbild. Andererseits ist auch nicht zu bestreiten, daß die Autokratie oft insofern frustrierend wirkt, als sie der Befriedigung individueller Bedürfnisse im Wege steht.

Die eigentliche Problematik liegt also in der Identifizierung der Faktoren, die in einem gegebenen Fall bestimmen, ob die Befriedigung der regressiven Bedürfnisse oder die Frustrationen überwiegen. Einige für diesen Punkt relevante Befunde wurden schon berichtet. Die Aggression, die in einigen der autokratischen Gruppen auftrat, läßt Frustration vermuten - zumindest, wenn man von der Frustrations-Aggressions-Hypothese ausgeht. Auch der Mangel an Arbeitsinteresse in der Autokratie muß beachtet werden: Sobald der autokratische Leiter den Raum verließ, ließen die Jungen ihre Arbeit liegen. Das zeigt, daß sie ihnen keine besondere Freude machte, solange er im Raum war. Die Arbeit bedeutete für die Kinder also eher eine Aufgabe als eine Beschäftigung, der sie spontan, eifrig und mit Freude nachgingen.

Zu diesem Punkt werden wir noch einige weitere Beobachtungen berichten und uns dabei auf einen Aspekt konzentrieren, der bisher noch nicht hervorgehoben wurde, nämlich auf die Tatsache, daß keineswegs alle vorhandene Unzufriedenheit offen zutage trat. Wie sehr der Schein der Autokratie in dieser Hinsicht trügt, muß stärker betont werden, als es gemeinhin geschieht. Von unseren sechs autokratischen Versuchsgruppen (eine im 1., fünf im 2. Experiment) äußerte nur eine ihre Unzufriedenheit in nennenswerten Protesten gegen den Autokraten. Die folgenden Befunde erweisen, daß zumindest bei einigen der fünf anderen Gruppen latente Unzufriedenheit vorhanden war:

1. Vier Jungen blieben weg, und zwar alle während autokratischer Perioden, in denen keine offene Rebellion auftrat.

2. Von zwanzig Jungen, die direkte Vergleiche zwischen ihren autokratischen und demokratischen Leitern anstellten, zogen 19 den demokratischen Leiter vor. Diese Vergleiche bezogen wir natürlich aus privaten Interviews mit dritten Personen, die in keiner Weise mit dem implizit oder explizit kritisierten Leiter identifiziert wurden. Es fiel auf, daß die meisten Kritiken milde und gemäßigt waren. Aber die Entscheidungen der Kinder waren eindeutig.

3. In der Autokratie wurde gelegentlich auch während der Zusammenkünfte selbst Unzufriedenheit geäußert. Im 2. Experiment war die durchschnittliche Anzahl unzufriedener Bemerkungen zu anderen Kindern 4,4 in der aggressiv reagierenden und 2,1 in den submissiv reagierenden autokratischen Gruppen, 3,1 im Laissez-Faire und 0,8 in der Demokratie. Der Unterschied zwischen den demokratischen und den submissiven autokratischen Gruppen ist auf dem 1%-Niveau signifikant. Ähnlich, aber statistisch nicht so signifikant ist der Unterschied in der Anzahl unzufriedener Äußerungen gegen den Leiter selbst. Die durchschnittliche Anzahl derartiger Bemerkungen pro Zusammenkunft war 11,1 für die aggressive und 2,0 für die submissive autokratische Gruppe, 1,5 im Laissez-Faire und 0,8 in der Demokratie. In diesem Falle ist die Differenz zwischen der demokratischen und der submissiv reagierenden autokratischen Gruppe nur auf dem 10 %-Niveau statistisch signifikant.

4. »Erleichtertes« Verhalten am Tag des Überganges in eine freie Atmosphäre läßt auf vorherige Frustration schließen. In drei Fällen kam eine Gruppe, die submissiv auf die autokratische Leitung reagiert hatte, aus dieser etwas unterdrückten Atmosphäre in die freiere der Demokratie oder des Laissez- Faire. In zweien dieser Fälle war der erste Tag der »Freiheit« durch ein besonders großes Ausmaß aggressiven Verhaltens (teilweise natürlich spielerischer Art) gekennzeichnet. Die naheliegendste Erklärung wäre, daß die Kinder an diesen Tagen »Dampf abließen«, daß die Unzufriedenheit in der Autokratie Spannungen erzeugt hatte, die sich bei Nachlassen des Druckes mehr oder weniger explosiv entluden. Die wirkliche Erklärung ist wahrscheinlich etwas weniger einfach: Am ersten Tag der freiheitlicheren Führung hatten die Kinder wahrscheinlich noch Rangordnungsbedürfnisse oder Impulse der Selbstbestätigung, die durch die Autokratie frustriert worden waren, fühlten sich aber der Notwendigkeit enthoben, diese Impulse zu unterdrücken. Die allgemeine Situation war unverändert und erinnert sie an ihre Frustration, aber die neue Freiheit kontrastierte so stark mit der alten Beschränkung, daß sie im psychologischen Bereich zum Ausdruck kam; es war, als sagten die Kinder zu sich selbst: ‚Jetzt kann ich tun, was ich in dem Klub tun wollte.' Später stumpfte der Reiz der neu gewonnenen

Freiheit anscheinend ab; das spontane Interesse an der Arbeit, das sich in den demokratisch geführten Gruppen im allgemeinen entwickelte, nahm mit der Zeit zu.

E. In der Autokratie gab es mehr Abhängigkeit und weniger Individualität

1. In der Autokratie wurden größere Anteile des Verhaltens der Jungen als submissiv oder abhängig klassifiziert. Im 1. Experiment wurden in der Autokratie 256 submissive Handlungen gegen den erwachsenen Leiter registriert, in der Demokratie 134; im 2. Experiment lag die Zahl der submissiven Bemerkungen zum Leiter in der Gruppe bei 16, die submissiv auf die autokratische Führung reagierte, in der aggressiven Gruppe bei 14, im Laissez-Faire bei 4 und in der Demokratie bei 6; der Unterschied zwischen Demokratie und submissiv wie aggressiv reagierenden autokratisch geführten Gruppen ist auf dem 1%-Niveau signifikant.
»Ist das in Ordnung?« - Bill hebt die Hand: »Mr, Rowe, soll ich den Boden anmalen oder nicht?«

2. Die Unterhaltung in der Autokratie war viel weniger vielseitig, sondern mehr auf die augenblickliche Situation beschränkt: Leonard: »Ich hab' das Bild deiner Freundin in der Zeitung gesehen - die ist dick, mein Junge.« - Reilly: »Die ist nicht dick, mein Junge - du hast eine andere gesehen.« - Leonard: »Die ist dick - die ist nicht schlank.«
Über das erste Experiment stehen keine Zahlen zur Verfügung; die Untersucher haben jedoch den Eindruck, daß dieselben Unterschiede bestanden.

3. In der submissiv auf die autokratische Führung reagierenden Gruppe zeigte sich eine absolute (wiewohl keine relative) Verminderung der individuellen Verhaltensunterschiede. Vor allem war das Gesamtausmaß an Unterhaltung in der submissiv reagierenden Gruppe auffallend gering, obwohl der Leiter den Jungen nicht sagte, daß sie still sein sollten, oder die Geselligkeit in anderer Weise entmutigte. Der Mittelwert der registrierten Konversation der Kinder miteinander betrug im Laissez-Faire 298, in der Demokratie 220, in der aggressiv auf die Autokratie reagierende Gruppe 200 und in der submissiv reagierenden nur 126. Der Unterschied zwischen diesem Wert und dem der demokratischen Gruppe ist auf dem 1%-Niveau signifikant. Mit anderen Worten: Die Atmosphäre in der autokratischen Gruppe war generell gedämpft, die Lebensgeister der Kinder gebändigt; sie blieben vernünftig bei ihrer Arbeit. Entsprechend dieser Verringerung der Gesamtkommunikation verringerte sich die Spanne der individuellen Unterschiede an »Aggressivität« oder» Verlangen nach Beachtung «. Ob diese absolute Verringerung der individuellen Unterschiede außer der allgemeinen Umfangsverringerung, mit der sie einherging, von psychologischer Bedeutung ist, ist eine Frage, die wir offenlassen.

F. In der Demokratie war die Gruppenorientierung ausgeprägter, die Freundlichkeit größer

1. Das Fürwort »ich« wurde seltener verwendet. Man kann sich dem Problem der Gruppenorientierung auf objektive Weise nähern, indem man einfach vergleicht, wie oft die Gruppenmitglieder das Fürwort »ich« (mir, mein) und wie oft sie »wir« (uns, unsere) verwenden. Was ist häufiger, ichbezogene Bemerkungen wie »ich will

dies« oder wirbezogene wie »wir brauchen das«? Im 1. Experiment schien dieser Hinweis viel zu versprechen. In der autokratischen Gruppe betrug der Anteil der Einzahlfürwörter in der Gesamtheit aller Fürwörter in der ersten Person 82 %, in der demokratischen nur 64 %. Im 1. Experiment war dieser Unterschied vorhanden, aber nicht statistisch signifikant.

2. Die freiwillig gebildeten Untergruppen waren größer. Im 1. Experiment wurde die Häufigkeit von Untergruppen der größten (5, 4-1) und der geringsten (2-1-1-1, 1-1-1-1-1) Einigkeit innerhalb der Fünfergruppen ausgezählt. Die Strukturen großer Einigkeit kamen 14mal in der Autokratie und 41mal in der Demokratie vor, die geringere Einigkeit dagegen 41mal in der autokratischen und 19mal in der demokratischen Gruppe. Dieser Unterschied besteht offenbar eher trotz als wegen der direkten Einflußnahme des Leiters. Dieser machte seinen Einfluß in der autokratischen Gruppe viel öfter für als gegen größere Einigkeit geltend, was aber durch eine starke Neigung zur Gruppenteilung und Auflösung mehr als ausgeglichen wurde. (Im 2. Experiment wurden derartige Daten nicht erhoben.)

3. »Gruppenbezogene« Bemerkungen waren viel häufiger. Das Wir-Ich- Verhältnis ist insofern atomistisch, als es sich mit Worten außerhalb ihres Zusammenhanges befaßt. Zum Beispiel das Wort »ich« in dem Satz »ich glaube, wir sollten jetzt das Wasser dazugießen« bedeutet weder Egoismus noch individualistische Konkurrenz, sondern war klar einer völlig gruppenbezogenen Idee untergeordnet. Bedeutungsvoller als das Wir-Ich-Verhältnis ist daher die Anzahl der als gruppenbezogen klassifizierten Bemerkungen, die nur im zweiten Experiment erhoben wurde. Die Ergebnisse zeigen, daß der höchste Prozentsatz gruppenbezogener Bemerkungen im Laissez-Faire vorkam, was angesichts der niedrigen Rate wirkungsvoller Zusammenarbeit in dieser Gruppe paradox erscheint. Eine Analyse der tatsächlich gemachten Bemerkungen zeigte jedoch, daß viele davon nicht das tatsächliche Vorhandensein einer Gruppeneinigkeit, sondern den Wunsch danach ausdrücken: »He, wie wär's, wenn wir eine Versammlung hielten?« - »Na ja, wir müssen etwas tun.« - »Wenn wir einen Klub hätten.« Andererseits scheint der Kontrast zwischen Demokratie und den beiden Formen der Autokratie einen echten Unterschied an wirksamer Gruppenorientierung zu zeigen. Die Werte sind 18 für die demokratische, 7 für die aggressive und 4 für die submissiv reagierende autokratische Gruppe. Der Unterschied zwischen Demokratie und den beiden anderen Bedingungen ist auf dem 1 %-Niveau signifikant. Finn: »Ich wünschte, der Karl (der »feindliche« Fremde) würde aufhören zu reden und unsere Arbeit zu zerpflücken. Wir werden nicht fertigmachen können.« - Eddie: „Wir werden abstimmen.. - Finn: »Wir können es nicht hierlassen, es ist unser letzter Tag. Wir müssen uns von jetzt an alle um das Flugzeug kümmern.« - Leonard: »Ich nehme es mit heim und hänge es dort auf.« - Reilly: »Nur, wenn der Klub das will.«

4. »Freundliche« Bemerkungen waren etwas häufiger. Im 1. Experiment kam, wie schon festgestellt, »freundliche Einflußnahme« 24mal in der autokratischen und 34mal in der demokratischen Gruppe vor, nachgiebiges Verhalten zwischen Kindern - das in vielen Fällen besser »gefällig« oder »kooperativ« genannt würde - 120mal in der

autokratischen und 188mal in der demokratischen Gruppe. Die Kategorie »freundliches« Verhalten wurde in der Analyse nicht verwendet. Im 2. Experiment gab es diese Kategorie und einen geringen, aber statistisch nicht signifikanten Unterschied zugunsten der Demokratie im Gegensatz zu den beiden autokratischen Gruppen. Der Unterschied zwischen der Demokratie (26) und der submissiv reagierenden autokratischen Gruppe (17) ist auf dem 5 %-Niveau signifikant; der Unterschied zwischen der Demokratie und den beiden anderen Gruppenatmosphären erreichte nicht einmal dieses Niveau. Es fällt auf, daß Freundlichkeit in der submissiv reagierenden autokratischen Gruppe einen größeren Anteil der Gesamtkonversation ausmachte als in der Demokratie. Wie ist dieses überraschend große Ausmaß von Freundlichkeit in der submissiv reagierenden autokratischen Gruppe zu erklären? Es scheint wahrscheinlich, daß die aus Frustration naturgemäß entstehende Unfreundlichkeit von einem oder von beiden der folgenden Faktoren ausgeglichen wird: durch die allgemeine Atmosphäre moralischer Güte, welche durch die Anwesenheit des Leiters den Kindern auferlegt wurde - man »benahm sich« - und vielleicht auch durch den Zusammenhalt der Gruppe aus dem Gefühl »wir sitzen im gleichen Boot«. Das gemeinsame Erlebnis derselben Frustration könnte eine Art Kameradschaftsgefühl hervorrufen, wie es oft von militärischen Gruppen berichtet wird, die gleicher Gefahr oder gleicher Disziplin unterworfen sind. In unseren Versuchen ergab sich kein besonderer Typ der Gruppenkooperation (als verantwortliche Ursache); doch scheint ein gewisser Grad persönlicher Freundlichkeit hervorgerufen worden zu sein (»freundliche« Bemerkungen). Dieser Kategorie wurden viele scherzhafte oder halb scherzhafte Bemerkungen zugeordnet, zum Beispiel: Finn: »Bis gleich, ich gehe zum Friseur.« - Van: »Seht mal Finn, er läßt sich seinen Kopf abschneiden.« - »Na, mein Freund, ist dir das recht?« (Freundlichkeit gegenüber einzelnen Mitgliedern anderer Gruppen.) Finn ist bei der Kiste und Rudy (andere Gruppen) hält freundlich seine Arbeit hoch, damit Finn sie sehen kann. Finn: »Was ist das?« - Rudy: »Ein Blechbüchsendings.«

5. Gegenseitiges Lob war häufiger. Im 1. Experiment gab es in der autokratischen und in der demokratischen Gruppe je 16 Fälle, in denen ein Kind ein anderes lobte. Im 2. Experiment wurde Lob in die Kategorie »Freundlichkeit« miteinbezogen. Einige Beispiele (demokratische Gruppe): Finn: »Na schön, Bill, so eine Idee. Könntest du?« (Bill ist Finns Erzfeind, aber Finn ist launisch, und in diesem Augenblick ist er in bester Stimmung.) Bill (revanchiert sich wenig später): »Oh, das ist gut, Finn, das ist eine gute Idee. Meines ist zu dünn.« - Bill: »Oh, Van, das wird gut.« - Bill (zu Mr. Rankin): »Eddie hat das wirklich gut gemacht, ich könnte das nicht so gut.«

6. Freundliche Verspieltheit war häufiger. Die Zahlen für »verspielte« Bemerkungen waren im 2. Experiment 33 im Laissez-Faire, 13 in der Demokratie, 8 in der submissiv und 3 in der aggressiv reagierenden autokratischen Gruppe. Der Unterschied zwischen Demokratie und der submissiv reagierenden autokratischen Gruppe ist nur auf dem 5 %-Niveau signifikant. Auch hier mag die Autokratie einen paradoxen Typus nicht verantwortlichen Gemeinschaftssinnes hervorgebracht haben (Beispiele für Verspieltheit wurden bereits in der Gegenüberstellung von Demokratie und Laissez-Faire gegeben).

7. Die Bereitschaft, Gruppeneigentum zu teilen, war größer; das zeigte sich am auffälligsten im ersten Versuch. Zu Ende der Zusammenkünfte stimmte jede der beiden Gruppen geheim über die Frage ab: »Was hättest du gern mit den Masken getan?« In der autokratischen Gruppe (in der sich bereits jedes Kind mit einer Maske identifiziert hatte) antworteten drei von vier Kindern völlig individualistisch: »Geben Sie uns unsere Masken.« - »Ich möchte meine haben.« Keines der regulären Mitglieder der demokratischen Gruppe antwortete individualistisch.

III. Zusammenfassung

Ein Überblick über die wichtigeren Ergebnisse des zweiten Experimentes ist auf Abb. 2 und 3 zu finden, die darstellen, wie sich die Jungen ihren Führern gegenüber und zueinander verhielten. Die bemerkenswertesten Unterschiede sind a) die hohe Zahl leiterabhängiger Handlungen in beiden Reaktionen auf autokratische Führung, b) das große Ausmaß kritischer Unzufriedenheit und aggressiven Verhaltens in der aggressiven Reaktion auf autokratische Leitung, c) die Häufigkeit »freundlicher, vertraulicher« Gespräche und gruppenbezogener Vorschläge in der Demokratie und d) der Kontrast zwischen Demokratie und Laissez- Faire bei arbeitsbezogener Konversation.

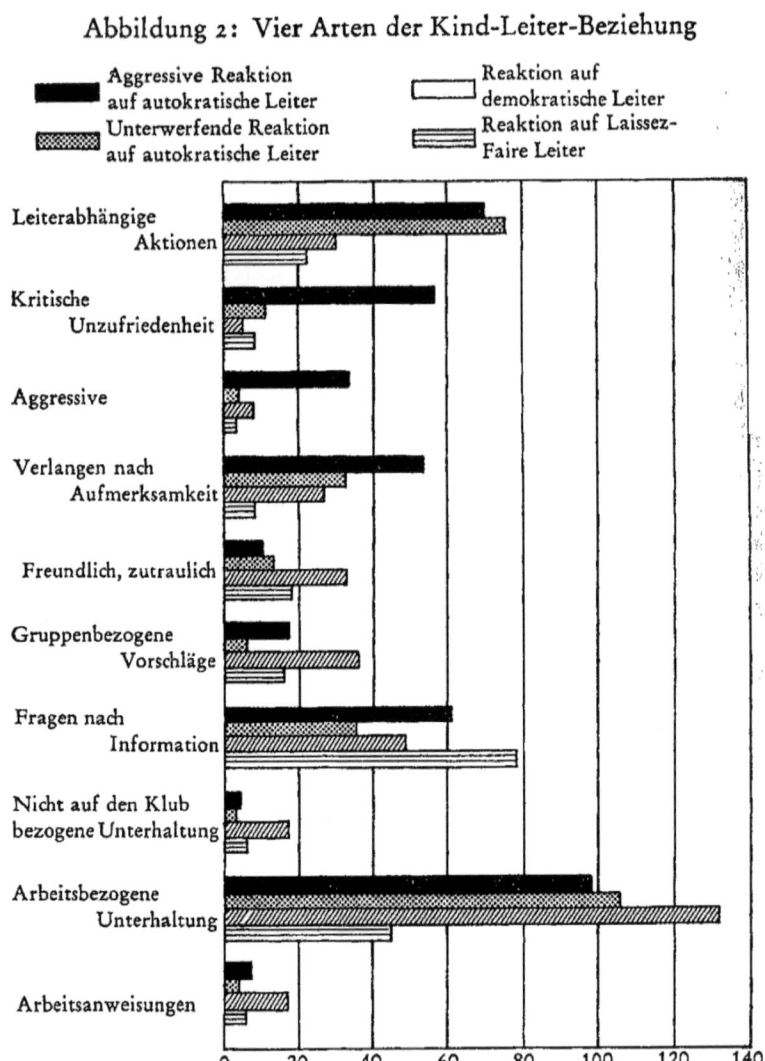

Abbildung 2: Vier Arten der Kind-Leiter-Beziehung

Kleingruppenforschung

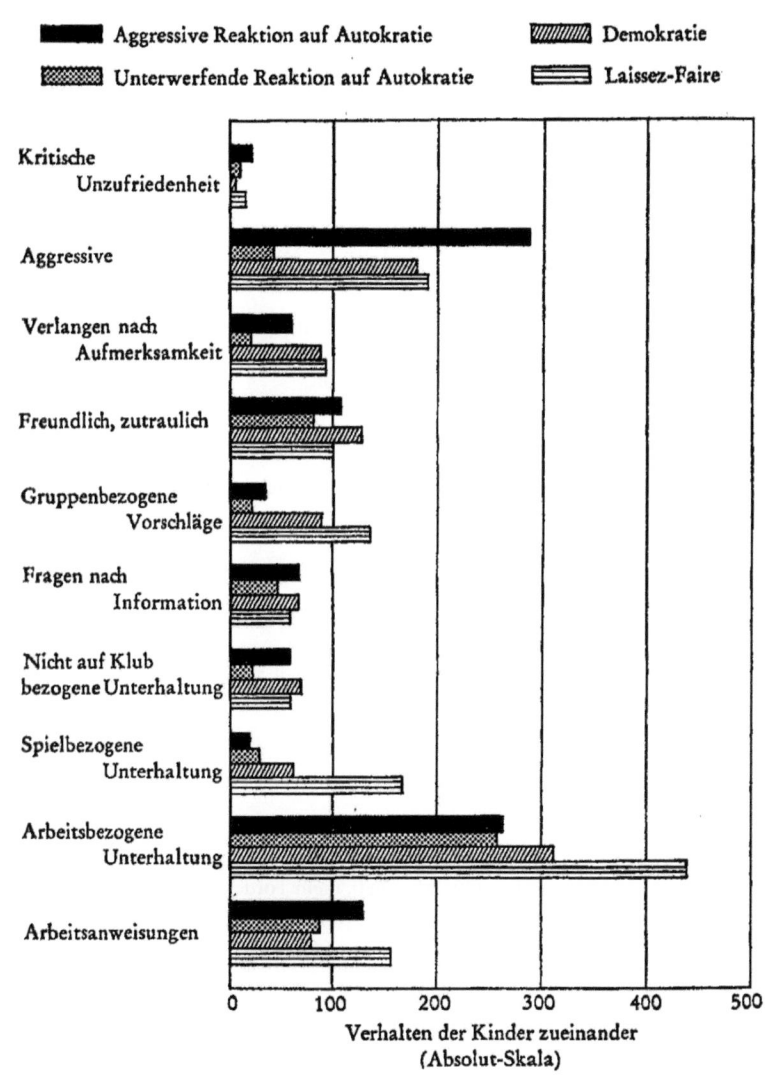

Abbildung 3: Vier Arten der Kind-zu-Kind-Beziehung

Hier sollten folgende Differenzen beachtet werden: a) die Differenz im Ausmaß aggressiven Verhaltens zwischen den beiden Reaktionen auf die Autokratie und die entsprechenden Zwischenstellungen von Demokratie und Laissez-Faire, b) die allgemein gedämpfte Atmosphäre in der submissiv reagierenden autokratisch geführten Gruppe, die sich im geringen Vorkommen aggressiven Verhaltens, Verlangen nach Beachtung, gruppenbezogenen Vorschlägen, anderweitiger Unterhaltung und in verspielten Bemerkungen zeigt; c) der kleine Anteil gruppenbezogener Vorschläge in der aggressiv wie in den submissiv auf autokratische Führung reagierenden Gruppen und d) der geringe Betrag verspielter Unterhaltung in diesen Gruppen im Vergleich zu dem sehr großen Betrag in den Laissez-Faire-Gruppen.

Zusammenfassend können wir sagen, daß die Diagramme und verschiedene andere Befunde im großen und ganzen folgende Verallgemeinerungen zulassen:

1. Laissez-Faire war nicht das gleiche wie Demokratie.

a) Die Kinder arbeiteten weniger und weniger gut.

b) Es wurde mehr gespielt.

c) Die Kinder gaben in den Interviews der demokratischen Führung den Vorzug.

2. Demokratische Führung kann einen hohen Wirkungsgrad erzielen

a) Die Kinder arbeiteten unter autokratischer Leitung etwas mehr.

b) In der Demokratie war die Motivation zur Arbeit stärker, wie sich zum Beispiel zeigte, wenn der Leiter das Zimmer verließ.

3. Autokratie kann viel Feindseligkeit und Aggression hervorrufen, auch Aggression gegen Sündenböcke:

a) Im Experiment I zeigte die autokratische Gruppe mehr dominierende Einflußnahme, viel mehr Feindseligkeit (30mal soviel), mehr Forderungen nach Aufmerksamkeit, mehr Zerstörung eigenen Besitzes und mehr Schaffung von Sündenböcken.

b) Im Experiment II zeigte einer der 4 Klubs eine ähnliche Reaktion.

4. Autokratie kann latente Unzufriedenheit erzeugen:

a) 4 Jungen schieden aus, und zwar alle in autokratischen Perioden, in denen es keine offene Auflehnung gab.

b) 19 von 20 Jungen hatten den demokratischen Leiter lieber.

c) Unter der Autokratie wurde mehr Unzufriedenheit geäußert - auch wenn man sich im ganzen submissiver verhielt - als unter der Demokratie.

d) »Erleichtertes« Verhalten am Tage des Überganges zu einer freieren Atmosphäre läßt auf vorangegangene Frustration schließen.

5. Unter der Autokratie gab es mehr Abhängigkeit und weniger Individualität:

a) Es gab mehr »submissives« und »abhängiges« Verhalten.

b) Die Unterhaltung war weniger vielseitig, sie beschränkte sich mehr auf das unmittelbar Vorliegende.

c) Bei der submissiven Reaktion auf die Autokratie lagen die statistischen Maße für individuelle Unterschiede absolut (aber nicht relativ) niedriger.

d) Die Beobachter hatten den Eindruck, daß es unter der Autokratie weniger Individualität gab.

6. In der Demokratie gab es mehr Gruppenorientierung und Freundlichkeit:

a) Im Experiment 1 wurde das Wort »ich« in der demokratischen Gruppe seltener gebraucht.

b) Die freiwillig gebildeten Untergruppen waren größer.

c) Im Experiment II waren gruppenbezogene Äußerungen viel häufiger in der Demokratie.

d) Freundliche Äußerungen waren etwas häufiger.

e) Im Experiment I kam gegenseitiges Lob häufiger in der demokratischen Gruppe vor.

f) Im Experiment II kam freundliche Verspieltheit häufiger in der Demokratie vor.

g) Im Experiment I war die demokratische Gruppe eher bereit, Gruppeneigentum zu teilen."

Die Theorie der kognitiven Dissonanz (Festinger, L., 1957) 20

Die Theorie der kognitiven Dissonanz von Leon Festinger (1919 – 1989) wird als „die bedeutendste sozialpsychologische Theorie in den 60er und 70er Jahren" [des 20. Jahrhunderts] gewürdigt (Frey, D. & Irle, M., 1993, I, S. 274). Festinger, ein Schüler und Mitarbeiter Kurt Lewins, veröffentlichte 1957 sein Buch ‚A Theory of Cognitive Dissonance'. Die deutschsprachige Übersetzung erschien 1978.

Auf eine detaillierte Darstellung verzichtend, soll hier eine kurze, zitatengestützte Einführung in diese Theorie gegeben werden:

(1) Ausgangshypothesen und Begrifflichkeiten (‚Dissonanz', ‚Kognition', ‚kognitive Elemente')
(2) Veranschaulichung von ‚Dissonanz' und ‚Dissonanzreduktion' am Beispiel ‚Raucher'
(3) Beziehungsarten zwischen ‚kognitiven Elementen'; dissonanzerzeugende Situationen
(4) Varianten der Dissonanzreduktion.

In einem Nachruf anlässlich des Todes von Festinger schreibt R. M. Farr:
„Er war das führende Mitglied einer Generation von begabten jungen amerikanischen Psychologen, die in den unmittelbaren Nachkriegsjahren halfen, die Sozialpsychologie als eine experimentelle Disziplin zu etablieren" (Farr, R. M., 1990, 5; Übersetzung: G. E.).

20.1

„Ich möchte folgende grundlegenden Hypothesen aufstellen:

1. Die Existenz von Dissonanz, die psychologisch unangenehm ist, wird die Person motivieren zu versuchen, die Dissonanz zu reduzieren und Konsonanz herzustellen.

2. Wenn Dissonanz besteht, wird die Person, zusätzlich zu dem Versuch, sie zu reduzieren, aktiv Situationen und Informationen vermeiden, die möglicherweise die Dissonanz erhöhen könnten. [...]

Ich stelle die These auf, daß Dissonanz, d. h. das Bestehen von nicht zueinander passenden Beziehungen zwischen Kognitionen, ein eigenständiger, motivierender Faktor ist. Mit dem Begriff Kognition meine ich [...] irgendeine Kenntnis, Meinung oder Überzeugung von der Umwelt, von sich selbst oder von dem eigenen Verhalten. Kognitive Dissonanz kann als eine Antezedenzbedingung betrachtet werden, die zu Aktivitäten führt, welche auf eine Reduktion der Dissonanz abzielen, ebenso wie Hunger zu Aktivitäten führt, die auf eine Reduktion des Hungers gerichtet sind. Sie stellt eine ganz andere Motivation dar als die, mit der sich Psychologen für gewöhnlich beschäftigen, doch ist sie, wie wir sehen werden, ebenso ausgeprägt. [...]

Die Begriffe „Dissonanz" und „Konsonanz" weisen auf Beziehungen hin, die zwischen Paaren von „Elementen" bestehen. Folglich ist es notwendig, diese Elemente selbst, so gut es geht, zu definieren, bevor diese Beziehungen definiert werden können. Diese Elemente beziehen sich auf das, was Kognition genannt wurde, das heißt auf Dinge, die eine Person über sich selbst, über ihr Verhalten und über ihre Umwelt weiß. Diese Elemente sind also „Kenntnisse". Einige dieser Elemente stellen Kenntnisse über einen selbst dar: was man tut, was man fühlt, was man sich wünscht oder will, was man ist und ähnliches mehr. Andere Wissenselemente betreffen die Welt, in der man lebt: Was ist wo, was führt wozu, welche Dinge sind erfreulich oder schmerzhaft oder inkonsequent oder wichtig usw.
Es ist offensichtlich, daß der Begriff „Kenntnis" benutzt wird, um Dinge einzuschließen, auf die sich dieses Wort ursprünglich nicht bezieht, wie z. B. Meinungen. Eine Person hält an einer Meinung nicht fest, wenn sie nicht glaubt, daß sie richtig ist. „Meinung" unterscheidet sich somit psychologisch gesehen nicht von der „Kenntnis". Das gleiche gilt für Überzeugungen, Wertvorstellungen oder Einstellungen, die für unsere Zwecke als „Kenntnisse" fungieren. [...] Für die vorliegenden Definitionen sind dies aber alles „Elemente der Kognition", und zwischen Paaren dieser Elemente können Beziehungen bestehen, die konsonant oder dissonant sind." (Festinger, L., 1978[1957], 16f., 22f.)

20.2

„Eine Person mag wissen, daß Rauchen für sie schädlich ist, und dennoch raucht sie weiter. [...] (Es soll) untersucht werden, wie Dissonanz reduziert werden kann. Als Beispiel soll [...] der Gewohnheitsraucher herangezogen werden, der erfahren hat, daß Rauchen schlecht für seine Gesundheit ist. Er kann diese Information aus einer Zeitung oder Zeitschrift, von einem Freund oder sogar von einem Arzt erhalten haben. Dieses Wissen ist sicherlich dissonant mit der Kognition, daß er weiterhin raucht. Angenommen, die Hypothese ist richtig, daß Druck entsteht, um Dissonanz zu reduzieren, dann stellt sich die Frage, was die betreffende Person erwartungsgemäß tun wird?

1. Sie kann ganz einfach ihre Kognition über ihr Verhalten ändern, indem sie ihre Handlung ändert, das heißt, sie kann aufhören zu rauchen. Wenn sie nicht mehr raucht, wird ihre Kognition von dem, was sie tut, konsistent sein mit ihrer Kenntnis, daß Rauchen schlecht für die Gesundheit ist.

2. Sie kann ihr „Wissen" um die Auswirkungen des Rauchens ändern. Dies mag als ein eigenartiger Weg erscheinen, doch beschreibt er recht gut, was dabei geschehen muß. Sie könnte am Ende ganz einfach glauben, daß Rauchen keinerlei schädliche Wirkung hat, oder sie könnte sich so viele „Kenntnisse" angeeignet haben, welche auf die positiven Auswirkungen hindeuten, daß die schädlichen Wirkungen dadurch völlig außer Acht gelassen werden. Wenn es ihr gelingt, ihr Wissen auf eine dieser Weisen zu ändern, wird sie die Dissonanz zwischen dem, was sie tut, und dem, was sie weiß, reduziert oder sogar beseitigt haben." (a.a.O., 15, 19).

20.3

„Der dieser Theorie zugrundeliegende Gedanke ist der, daß der menschliche Organismus bestrebt ist, eine Harmonie, Konsistenz oder Kongruenz zwischen seinen Meinungen, Attitüden, Kenntnissen und Wertvorstellungen herzustellen. Das heißt, es besteht ein Antrieb, Konsistenz unter den Kognitionen herzustellen. Um diese Vorstellung etwas besser veranschaulichen zu können, habe ich mir eine Kognition in Elemente oder zumindest in Mengen von Elementen zerlegbar gedacht. Folgende theoretischen Aussagen wurden über die Beziehungen zwischen diesen kognitiven Elementen gemacht.

1. Paare von Elementen können in einer irrelevanten, konsonanten oder dissonanten Beziehung zueinander stehen.

2. Zwei kognitive Elemente stehen in einer irrelevanten Beziehung zueinander, wenn sie füreinander ohne Bedeutung sind.

3. Zwei kognitive Elemente stehen in einer dissonanten Beziehung zueinander, wenn, betrachtet man nur diese beiden, das Gegenteil des einen Elements aus dem anderen folgt.

4. Zwei kognitive Elemente stehen in einer konsonanten Beziehung zueinander, wenn, betrachtet man nur diese beiden, das eine Element aus dem anderen folgt. Ausgehend von diesen Definitionen wurde eine Anzahl von Situationen aufgezeigt, in denen die Existenz von kognitiver Dissonanz impliziert wurde.

Ausgehend von diesen Definitionen wurde eine Anzahl von Situationen aufgezeigt, in denen die Existenz von kognitiver Dissonanz impliziert wurde.

1. Dissonanz besteht fast immer, nachdem eine Entscheidung zwischen zwei oder mehreren Alternativen getroffen worden ist. Die kognitiven Elemente, die mit den positiven Eigenschaften der verworfenen Alternative korrespondieren, und jene, die mit den negativen Eigenschaften der gewählten Alternativen korrespondieren, sind mit dem Wissen um die Handlung, die durchgeführt wurde, dissonant. Diejenigen kognitiven Elemente, die mit den positiven Eigenschaften der gewählten Alternative und den negativen Eigenschaften der verworfenen Alternative korrespondieren, sind mit den kognitiven Elementen, die mit der durchgeführten Handlung korrespondieren, konsonant.

2. Dissonanz besteht fast immer, wenn versucht wurde, durch Belohnungsangebote oder Strafandrohungen bei einer Person ein nach außen hin sichtbares Verhalten zu forcieren, das in Widerspruch mit ihrer persönlichen Meinung steht. Wenn das beobachtbare Verhalten erfolgreich forciert werden konnte, dann ist die persönliche Meinung der Person dissonant mit dem Wissen um ihr Verhalten. Wenn der Versuch, ein bestimmtes beobachtbares Verhalten zu forcieren, fehlgeschlagen ist, dann ist ihre persönliche Meinung mit ihrem Wissen um das, was sie getan hat, konsonant, doch ist das Wissen um die entgangene Belohnung oder die zu erleidende Bestrafung dissonant mit ihrem Wissen um das, was sie getan hat.

3. Dadurch, daß eine Person zufällig oder forcierterweise neuen Informationen ausgesetzt ist, können kognitive Elemente erzeugt werden, die mit vorhandenen Kognitionen dissonant sind.

4. Eine in einer Gruppe offen zum Ausdruck gebrachte Meinungsverschiedenheit führt bei den Mitgliedern zu kognitiver Dissonanz.

5. Bei einer großen Anzahl von Personen kann die gleiche Dissonanz hervorgerufen werden, wenn ein Ereignis eintritt, das so zwingend ist, daß es bei allen Personen die gleiche Reaktion hervorruft. Es könnte zum Beispiel ein Ereignis eintreten, das irgendeine weitverbreitete Überzeugung eindeutig widerlegt." (a.a.O., 253f.)

20.4

„An dieser Stelle sollen nun die zentralen Hypothesen der Theorie formuliert werden:

1. Das Vorhandensein von Dissonanz erzeugt einen Druck zur Reduktion dieser Dissonanz.

2. Die Stärke des Drucks zur Reduktion von Dissonanz ist eine Funktion der Stärke der bestehenden Dissonanz. Diese Hypothesen führen zu der Frage, auf welche Art und Weise die Dissonanz reduziert werden kann. Es gibt drei wesentliche Wege, auf denen dies geschehen kann:

1. Durch die Änderung eines oder mehrerer Elemente, die an den dissonanten Beziehungen beteiligt sind.

2. Durch das Hinzufügen neuer kognitiver Elemente, die mit bereits bestehenden Kognitionen konsonant sind.

3. Durch das Verringern der Wichtigkeit der an den dissonanten Beziehungen beteiligten Elemente." (a.a.O., 256)

21 Der ‚Neuanfang' der deutschsprachigen Sozialpsychologie nach dem Zweiten Weltkrieg (Sodhi, K. S., 1953/54; Hofstätter, P. R., 1954)

In den unmittelbaren Nachkriegsjahren war es für viele der führenden Vertreter der deutschsprachigen Psychologie keine Selbstverständlichkeit, die Sozialpsychologie als integralen Bestandteil ihrer Wissenschaft anzuerkennen. Nach Rösgen (2008, S.16) stand die weithin vernachlässigte Sozialpsychologie jener Zeit vor der Notwendigkeit eines „regelrechten Neuanfangs". Als Protagonist dieses ‚Neuanfangs' sind in erster Linie zu nennen: Kripal S. Sodhi (1911 – 1961) und Peter R. Hofstätter (1913 – 1994). Sodhi (1953) verbindet mit seiner Kritik an der Vernachlässigung der Sozialpsychologie im deutschsprachigen Raum die Warnung vor einer psychologie-abständigen Vereinnahmung der Sozialpsychologie durch die Soziologie. Hofstätter (1954) fordert mit geradezu missionarischem Eifer eine inhaltliche und methodische Orientierung an der experimentell und statistisch-quantitativ arbeitenden US-amerikanischen Forschung.

21.1 (Sodhi)

„Nicht zum ersten Mal in der Geschichte der deutschen Psychologie wird heute [=1953/54, G.E.] empfunden, daß die Sozialpsychologie ungebührlich vernachlässigt worden sei. Schon im Jahre 1927 sagte Charlotte Bühler in ihrem Referat über Sozialpsychologie auf dem X. Kongreß für experimentelle Psychologie: „Nach der langen Periode rein theoretischer Betrachtung auf dem Gebiet der Sozialpsychologie ist es an der Zeit, daß, und ist auch die Grundlage dafür geschaffen, wie experimentell gearbeitet werden kann und muß". Seit dieser dringenden Aufforderung zur experimentellen

Forschung auf dem Gebiet der Sozialpsychologie ist mehr als ein Vierteljahrhundert vergangen, In dieser Zeit hat sich in dieser Hinsicht nicht viel geändert, so daß sich W.Hellpach in dem Vorwort zu seiner 1946 erschienenen „Sozialpsychologie" zu den Worten veranlaßt fühlt: „Möchte dieses Tatsachenbuch dazu verhelfen, die Sozialpsychologie auf deutschem Boden kräftiger zu beleben. Sie ist bei uns unter Gebühr stiefmütterlich behandelt worden, und es wird nicht ganz leicht sein, den Vorsprung einzuholen, den andere Nationen - voran die angelsächsischen - auf dieser Erkenntnisbahn gewonnen haben". [...]
Es gibt nicht viele europäische Psychologen, die der Sozialpsychologie mehr als nur ein vorübergehendes Interesse zuwendeten. [...] Diese Untersuchungen behandeln aber nur einzelne Probleme und begründen keine systematische Sozialpsychologie als geschlossene Disziplin. Bedauerlicherweise haben die genannten wertvollen Forschungen nicht zu weiterer Arbeit in gleicher Richtung angeregt. Wenn wir die Forschung in der Sozialpsychologie überblicken, müssen wir tatsächlich an das verwöhnte Kind denken, das an vielen Leckerbissen knabbert und sie angebissen liegen läßt. Diese Appetitlosigkeit gegenüber der sozialpsychologischen Forschung beruht darauf, daß infolge des Fehlens einer von Psychologen entwickelten umfassenden Theorie der Sozialpsychologie deren Aufgaben niemals als echte Probleme der Psychologie formuliert worden sind. Die Bearbeitung sozialpsychologischer Fragen schien allzuoft nur von den eigentlichen Problemen der Psychologie abzulenken. Die Aufgaben der Sozialpsychologie lassen sich demgegenüber aber auch derart fassen, daß sie ganz unmittelbar zum Gesamtkomplex psychologischer Fragen gehören. In Ermangelung solcher ausdrücklichen Formulierungen jedoch schien die sozialpsychologische Forschung für die Psychologie niemals obligatorisch zu sein; sie blieb ein Gebiet, mit dem die Psychologen sich je nach Belieben beschäftigen konnten, und keiner empfand es als Versäumnis, wenn sie es nicht taten. Gerade weil keine profilierte Theorie der Sozialpsychologie als Grundlage für experimentelle Forschungen hat dienen können, ist die empirische Forschung auf diesem Gebiet verhältnismäßig unsystematisch betrieben worden. Charlotte Bühler hatte also nicht recht mit ihrer Annahme, daß die Grundlagen für die experimentelle Forschung in der Sozialpsychologie schon geschaffen worden wären. [...]
Blicken wir zurück auf die Geschichte der Sozialpsychologie, so ist für die Psychologen nicht gerade schmeichelhafte Feststellung zu treffen, daß eigentlich recht wenig Psychologen an der Entwicklung der Sozialpsychologie beteiligt gewesen sind. Die Sozialpsychologie ist daher in weitgehender Unabhängigkeit von der Psychologie entstanden. Die Begründer dieser Disziplin waren vorwiegend Anthropologen, Ethnologen, Nationalökonomen, Juristen, Historiker und vor allem Soziologen. [...] Selbst unter den neueren Autoren der Sozialpsychologie finden wir bei weitem mehr Soziologen als Psychologen. Hieraus sehen wir, daß die Sozialpsychologie sich im Schoße der Sozialwissenschaften - im besonderen innerhalb der Soziologie - entwickelt hat. Es läßt sich leicht zeigen, daß die meisten sogenannten Sozialpsychologen nicht in erster Linie daran interessiert waren, die Forschung innerhalb der Psychologie zu fördern, sondern daß sie ad hoc Ansichten über die Natur des Menschen formulierten, und das auch nur insoweit, als diese pseudopsychologischen Theorien für ihr primäres Bezugssystem [=die Gesellschaft, G.E.] Bedeutung hatten."

21.2 (Hofstätter)

„Dieses Buch [‚Einführung in die Sozialpsychologie', 1.Aufl. 1954; G.E.] ist ursprünglich in den Vereinigten Staaten geschrieben (und gedacht) worden - und war von Anfang an in erster Linie für deutschsprachige Leser bestimmt. Dies hat seinen Grund darin, daß Amerika seit dem Erscheinen der ersten beiden Lehrbücher der Sozialpsychologie im Jahre 1908[7] über eine sehr starke Tradition auf diesem Gebiet verfügt – gegenwärtig erscheinen ungefähr zwei Lehrbücher jedes Jahr - während die deutsche Forschung dem Gegenstand ein auffallend geringes Interesse gewidmet hat. Dieser Unterschied läßt sich wohl aus dem Ewigkeits- und Allgemeingültigkeits- Traum auf der einen Seite erklären, dem auf angelsächsischer Seite ein Gefühl für die örtliche und zeitliche Bedingtheit vieler Haltungen gegenübersteht. Die Verschiedenartigkeit der in den Vereinigten Staaten zusammenströmenden Menschenschläge und die Weite des britischen Kolonialreiches haben diese Blickweise begünstigt. Im Falle der USA kommt hinzu noch die weitgehende Ausschaltung geschichtlich entstandener Vorrechte, die den „kleinen Mann" früher zu einem legitimen Gegenstand der Forschung werden ließ, als dies anderswo der Fall war. In Deutschland hat man sich hingegen mehr an die Prominenten oder an die Abstraktion „des Menschen" schlechthin gehalten. Kommt hinzu, daß sich die deutsche Forschung mehr für das Studium der Entwicklung einmal vorgegebener Anlagenbestände interessiert hat, die amerikanische hingegen mehr für die Dynamik der Einflüsse, unter denen eine solche Entwicklung erfolgt. [...]
Auf diesem Gebiet haben wir aber von den Angelsachsen sehr vieles noch zu lernen. Vielleicht sollten wir uns dabei der Demut entsinnen, mit der die Männer der deutschen Vorklassik aus der Literatur Frankreichs und Englands zu lernen versuchten. Soviel zur Erklärung eines der amerikanischen Welt sehr tief verpflichteten Buches in deutscher Sprache. [...]
Zum Abschluß [...] scheinen mir einige Hinweise auf das Studium der Sozialpsychologie erforderlich. Unsere Disziplin besitzt zwei Handbücher (Murchison, 1935, Lindzey, 1954), von denen allerdings heute nur das zweite ernsthaft in Frage kommt; es bietet die beste Möglichkeit zu einer Orientierung über den gegenwärtigen Stand der Forschung. Als Lehrbücher empfehlen sich zwei Übersetzungen aus dem Amerikanischen (Hartley und Hartley, 1955; Newcomb, 1957)."

---

7 Die (vermeintlichen!) ‚Lehrbücher' sind:

1. McDougall, W. (1908). Introduction to Social Psychology. London: Methuen (s. Abschnitt 8 im vorliegenden Buch),

2. Ross, E. A. (1908). Social Psychology. New York: Macmillan (mehr soziologisch orientiert).

Gesamtgesellschaftliche Anforderungen an die Sozialpsychologie (Katz, D., 1965) 22

Daniel Katz (1903 – 1998), Professor an der University of Michigan in Ann Arbor, war von 1962 – 1964 Herausgeber des ‚Journal of Abnormal and Social Psychology'. Während seiner Herausgeberschaft initiierte er eine grundsätzliche Umgestaltung des inhaltlichen Profils dieser Zeitschrift: An die Stelle der ‚Abnormal Psychology' als Partnerin setzte er die ‚Personality Psychology' als ‚sister discipline' der Sozialpsychologie. Es entstand eine neue Fachzeitschrift: ‚Journal of Personality and Social Psychology'. Dieser Titel war selbstverständlich ein Votum für eine *psychologische* Sozialpsychologie. Mit dieser Orientierung verbunden ist allerdings eine substantielle Kritik an der Sozialpsychologie jener Zeit: Sie dürfe sich nicht darauf beschränken, die interpersonellen Beziehungen in Kleingruppen zu analysieren, sondern müsse die sozialen Systeme untersuchen, innerhalb derer diese Beziehungen stattfinden. Die sozialen Kontextbedingungen des sozialen Verhaltens müssen Gegenstand der Sozialpsychologie sein. Im unten wiedergegebenen ‚Editorial' veranschaulicht er diese Forderung an Beispielen. Kleingruppenforschung alleine sei nicht qualifiziert, Antworten auf dringende Fragen des aktuellen gesamtgesellschaftlichen Lebens zu geben.

In übrigen gehörte Daniel Katz neben Leon Festinger, Darwin Cartwright und Stanley Schachter zu denjenigen amerikanischen Sozialpsychologen, die in der unmittelbaren Nachkriegszeit „wichtige logistische Unterstützung für die Entwicklung der Sozialpsychologie in Europa leisteten" (Farr, R. M., 1996, 10), insbesondere was die Begründung einer europäischen Fachgesellschaft, der ‚European Association of Experimental Social Psychology' (EAESP) betrifft.

„Es ist üblich, bei der Begründung einer neuen Zeitschrift das Anbrechen eines neuen Tages zu beschwören und den revolutionären Abschied von Traditionen der Vergangenheit anzukündigen. Allerdings sind wir bei der Ausrufung eines neuen Programms mehr oder weniger gezwungen, mit der Macht eingeschliffener Gewohnheiten zu rechnen. [...] Zudem ist eine APA-Zeitschrift repräsentativ für die Forschungen der APA-Mitglieder auf dem jeweiligen Interessengebiet. Trotzdem können wir eine neue Zeitschrift nicht beginnen ohne ein Plädoyer für einen neuen Typ von Forschung, an dem es in der Vergangenheit mangelte. Jetzt haben wir eine eigene Zeitschrift für das Gebiet der Sozialpsychologie und ihrer Schwester, der Persönlichkeitspsychologie. Wir sollten diesen Vorteil nutzen, uns weniger in die Domäne des ‚Journal of Experimental Psychology' einzubringen, als uns vielmehr um die Variablen zu kümmern, die unsere ureigene Angelegenheit sind. Wir werden solche Beiträge begrüßen, die sich mit der psychologischen Analyse sozialer Systeme befassen, vorausgesetzt, sie erfüllen unsere üblichen Kriterien für theoretische und Forschungsbeiträge.

In der Vergangenheit konzentrierte sich die Sozialpsychologie auf drei Schwerpunkte: a) das Individuum mit seinen sozialen Motivationen, seinen sozial bestimmten Kognitionen, Einstellungen und Wahrnehmungen, b) face-to-face Interaktion und Kleingruppen-Prozesse, c) angewandte soziale Probleme. Obwohl sich der Hauptteil des menschlichen Lebens im Rahmen von Organisationen und großen sozialen Strukturen abspielt, haben die Psychologen typischerweise so getan, als wären die Familie in der Frühzeit und Kleingruppenverbindungen bei Erwachsenen die einzigen bedeutsamen Aspekte des Sozialverhaltens. Unser expandierender Berufsstand sah es – bei aller Bescheidenheit – als unschicklich an, sich mit diesen Fragen zu beschäftigen und überließ dieses Gebiet dem Studium der Soziologie und der anderen Sozialwissenschaften. Nun ist es nicht unsere Sache, in irgendeiner Weise in die rechtmäßigen Besitzstände der anderen Sozialwissenschaften einzudringen betreffs der Untersuchungen der Gesellschaft. Wir meinen aber, dass unsere eigenen Untersuchungen eine Bereicherung darstellen können und dass – intern – wir dazu beitragen können, dass sich die Verhaltenswissenschaften in Gebiete von allgemeinem Interesse einbringen. Tatsache ist doch, dass soziale Strukturen und soziale Systeme komplexe und dauerhafte menschliche Verhaltensmuster voraussetzen. Diese Systeme können als Ergebnis einer langen historischen Entwicklung verstanden und untersucht werden ohne Bezugnahme auf bestimmte Menschen, die zu einer bestimmten Zeit Träger eines bestimmten Musters waren. Das ist die Angelegenheit des Kulturwissenschaftlers und führt zu fruchtbaren Spezialuntersuchungen. Wenn dagegen das Interesse besteht an den menschlichen Trägern dieser Muster, die sie beeinflussen und durch die sie beeinflusst werden, dann geraten wir auf das Gebiet der Sozialpsychologie. Soziale Probleme sind keine geschlossene Systeme. Die Inputs, die für deren dauerhaften Bestand notwendig sind, sind menschliche Inputs, und diese Inputs als konstanter Faktor in Zeiten außerordentlich sozialer Stabilität. Es ist merkwürdig, dass wir das Verhältnis zwischen unserer Wissenschaftsdisziplin und den anderen Sozialwissenschaften meist von den Außengrenzen her bestimmen: der Beziehung der Persönlichkeit zur Kultur. Die engeren Beziehungen zwischen der Sozialpsychologie der kleinen Gruppe und der größeren Gruppenstruktur, von der sie ein Teil ist, sind übersehen worden. Einige Problembeispiele sollen dieses vernachlässigte Forschungsgebiet erläutern. Wir untersuchen gelegentlich das Rollenverhalten, aber vergessen dabei das Rollensystem, ohne das es kaum etwas bedeutet. Wir beschäftigen uns mit Macht, als wäre sie lediglich eine interpersonelle Angelegenheit, nämlich die Fähigkeit des Individuums A, auf das Individuum B Einfluss auszuüben, aber wir übersehen, dass die Ausübung von Macht durch die Sozialstruktur vermittelt ist. Wir stellen Theorien über Führungsverhalten auf, aber berücksichtigen nicht den sozialen Kontext, der dieses Verhältnis bestimmt und definiert. Wir verlegen den Prozess der Entscheidungsfindung ins Laboratorium, aber wenden uns niemals den Entscheidungszentren in der realen Welt zu. Wir untersuchen die Persönlichkeitsvariablen bei Ethnozentrismus, aber übergehen die Parameter, durch welche die Menschen in den Nationalstaat und die Bedingungen für das Aufleben von Nationalrollen eingebunden sind. Es gibt vielversprechende Anfänge bei der Untersuchung von normativer Verpflichtung und Werteorientierung als wesentliche Gruppen- und Organisationsmechanismen, [...] aber diese sind nur ein Anfang. Obwohl wir in einer Zeit dramatischer sozialer Veränderungen leben, gibt es nur Ansätze zu Untersuchungen der evolutionären und revolutionären Prozesse in der heutigen Welt. Wenn wir auch zu Beiträgen zu diesem Problemkreis ermuntern, beabsichtigen wir dennoch keine völlige Umgestaltung der Zeitschrift, da die traditionellen Forschungsansätze noch dominieren werden. Wir bitten dennoch eindrücklich um solche Untersuchungen, die Perspektiven für eine Sozialpsychologie der Zukunft eröffnen.

Es bleiben die kritischen Fragen, wie solche Untersuchungen mit Objektivität durchgeführt werden können und welche Mittel gefunden werden, um dies zu erreichen. Die zweite Frage findet ihre Antwort von den Bedürfnissen unserer Gesellschaft und von der wachsenden Erkenntnis her, dass wir uns keine Sozialwissenschaft leisten können, die sich nicht auf Fakten, Befunde und geprüfte Verallgemeinerungen stützt. Die zweite Frage hängt zusammen mit einer angemessenen Methodik und der Bereitschaft, diese anzuwenden. Wir schwanken oft zwischen einem starren Festhalten an einem ungeeigneten Verfahren wegen seiner Stringenz – und einer völligen Vernachlässigung von Stichprobe und Forschungsdesign, weil dies mit Schwierigkeiten verbunden ist. Dennoch ist unsere Methodik wahrscheinlich weiter entwickelt als ihre fachgerechte und einfallsreiche Anwendung auf neue Probleme. Wir sind davon überzeugt, dass die Sozialpsychologie nicht länger getrennt sein wird von den anderen Verhaltenswissenschaften und dass auf lange Sicht die ‚Zeitschrift für Persönlichkeits- und Sozialpsychologie' nützlich sein kann für diese Annäherung" (Katz, D., 1965, 1 – 2, Übersetzung: G. E.).

23
Der Ruf nach einer (eigenständigen) europäischen Sozialpsychologie (Moscovici, S., 1972; Tajfel, H., 1972; Jahoda, G., 1974)

Anfang der 70er Jahre des 20. Jahrhunderts sind insbesondere in der europäischen Sozialpsychologie verbreitet Tendenzen zu kritischer Selbsthinterfragung zu beobachten. Nicht zuletzt hängt dieser Trend mit der Reflexion der Reformforderungen der 68er Bewegung zusammen. Die Sozialpsychologie habe angesichts der 68er Ereignisse ihre „relative Hilflosigkeit in bezug auf das Verständnis der damaligen gesellschaftlichen Prozesse" (Jahoda, G., 1974, 106) erwiesen. Mit der selbstkritischen Attitüde der Europäer gekoppelt war die Kritik nach außen: gegen die weltweit dominierende US-amerikanische Sozialpsychologie. Prototypisch für die kritische Haltung war die satirische Charakterisierung der US-amerikanischen Sozialpsychologie als „Sozialpsychologie des netten Menschen" (Moscovici, S., 1972). Diese Abgrenzungsversuche waren jedoch nicht vordergründig von (wissenschafts-) politischen oder strategischen Motiven (Abwehr von Bevormundung, Konkurrenz, Emanzipationsbedürfnis) bestimmt. Vielmehr liegen der Kritik in erster Linie wissenschaftsinterne, den Gegenstand der Sozialpsychologie betreffende Argumentationen zugrunde. Die Argumentationsketten lassen sich in etwa folgendermaßen rekonstruieren: Wenn die Sozialpsychologie Ernst mache mit der Definition des Menschen als eines ‚sozialen Wesens', dann müsse sie die Gesellschaft, von der das Individuum ein Element sei, zu ihrem zentralen Untersuchungsgegenstand machen. Die sozialpsychologischen Prozesse erhalten ihr Gepräge durch die Gesellschaft (historische, geographische, kulturelle Bedingungen usw.), in der sie stattfinden. Soziales Verhalten könne somit nicht erklärt werden mit Hilfe von Generalisierungen, die sich auf das Individuum in einem ‚sozialen Vakuum' (Tajfel, H., 1972) beziehen. Da sich die soziokulturellen Settings beispielsweise zwischen Europa und Amerika qualitativ unterscheiden, können Aussagen über die Regulation sozialen Verhaltens keinem Universalitätsanspruch gerecht werden. M. a. W.: Es gibt keine immer und überall gültigen Gesetze der Regulation sozialen Verhaltens.

So weit die grobe Skizzierung der insbesondere von Henri Tajfel (1919 – 1972) und Serge Moscovici (geb. 1925) entwickelten Vorstellungen zum Profil einer europäischen Sozialpsychologie.

23.1

„Was steht auf dem Spiel, wenn wir fragen, was die Sozialpsychologie ist oder sein sollte? Vor allem gibt es keinen Zweifel darüber, dass die Antworten, die wir geben, eine Widerspiegelung der Verhältnisse sind, unter denen die Fragen gestellt werden. Deshalb empfiehlt es sich, die Verhältnisse deutlich zu machen anstatt sie in den Hintergrund treten zu lassen. [...] Es ist kein Geheimnis, dass die Anerkennung, die ihnen [den nordamerikanischen Sozialpsychologen, G. E.] zuteil wird, zunehmend schwieriger wird. Wenn wir [die europäischen Sozialpsychologen, G. E.] sie lesen, sie zu verstehen und ihre Leitprinzipien anzueignen versuchen, kommen wir oft zu dem Schluss, dass sie Fremde für uns sind, dass unsere Erfahrung sich nicht mit der ihrigen deckt, dass unsere Ansichten vom Menschen, von der Wirklichkeit und von der Geschichte andere sind. [...] Als Beispiel nenne ich das Buch von Thibaut und Kelley (1959)[8] über Kleingruppen. Als ich vor einigen Jahren zum ersten Mal versuchte, es zu lesen, konnte ich es weder verstehen noch Interesse an ihm finden. Bekanntlich analysiert das Buch alle sozialen Beziehungen als *Geschäfte* [transactions]. Diese beruhen auf rationalen Überlegungen des Individuums, wie es andere Leute dazu bringt, ihm die meiste Befriedigung zu verschaffen, d. h. ein Maximum an Vorteilen und ein Minimum an Nachteilen. Aber als ich das Buch las, fielen mir unzählige Beispiele sozialer Interaktion ein, die nichts zu tun hatten mit dieser Gleichung von Angebot und Nachfrage, so zum Beispiel die Bedeutung von Gegenseitigkeit und Werten oder das Phänomen sozialer Konflikte und sozialer Identität. Diese Lücken haben mich so verstört, dass ich beschloss, das Buch nicht zu Ende zu lesen. Nun wusste ich allerdings, dass das Buch für sehr wichtig gehalten wurde, obwohl ich nicht verstehen konnte, warum dies so sein sollte. Ich stieß auf ähnliche Schwierigkeiten bei bestimmten Maximen, die einem großen Teil der seinerzeitigen Forschung eigen waren: „Wir haben die gerne, die uns unterstützen"; „der Leiter ist ein Mensch, der die Bedürfnisse seiner Gruppenmitglieder versteht"; „wir helfen denen, die uns helfen"; „das Verständnis für den Standpunkt des anderen fördert die Kooperation". Diese *„Sozialpsychologie des netten Menschen"* war – und ist noch heute – für mich etwas Anstößiges; sie war irrelevant für das, was ich erkannt und erlebt hatte. Ihr impliziter moralischer Gehalt erinnerte mich an

---

8 Gemeint ist der folgende Titel: Thibaut, J. W. und Kelley, H. H. (1959). The Social Psychology of Groups. New York: Wiley

eine andere Maxime (die vielleicht nicht so unverfänglich erscheint): „Besser gesund und reich als krank und arm." Nachdem ich dann wieder in die USA gekommen war und diese Dinge mit amerikanischen Sozialpsychologen diskutierte, begann ich ihren Standpunkt zu verstehen und ihren Hintergrund zu erfassen. Ich konnte dann das Buch von Thibaut und Kelly lesen und gewann ein gewisses Verständnis für ihre Auffassungen und Maximen. Aber ich kam zu dem Schluss, dass wir in Europa uns unserer eigenen Wirklichkeit zuwenden müssen, unseren eigenen Maximen, von denen wir unsere eigenen wissenschaftlichen Folgerungen ableiten müssen. Die Tatsache, dass die Sozialpsychologie gegenwärtig fast ausschließlich amerikanisch ist, führt zu einem doppelten Handicap. Vom Standpunkt der amerikanischen Sozialpsychologen dürfen der Relevanz ihrer Ergebnisse keine Grenzen gesetzt und keine Zweifel an der Gültigkeit ihrer postulierten Vorstellungen und Gesetzmäßigkeiten geäußert werden. Von Sozialpsychologen anderswo [= in Europa, G. E.) werden Zweifel geäußert an der Gültigkeit ihrer wissenschaftlichen Einstellung: Sie haben die Wahl zwischen dem Betreiben einer Sozialpsychologie, die für *ihre* Gesellschaft und Kultur geeignet ist, oder sich zufrieden zu geben mit der Anwendung ihrer Lehre und Forschung auf sehr begrenzte Bereiche. Man darf nicht vergessen, dass die tatsächlichen Verdienste der amerikanischen Soziologie nicht so sehr in ihrer empirischen Methodik und in ihrer Theoriebildung liegen, als darin, dass sie für ihre Forschung und den Inhalt ihrer Theorien Probleme *ihrer eigenen* Gesellschaft aufgreift. Ihr Verdienst besteht mehr in den technischen Verfahren als in der Überführung der Probleme der amerikanischen Gesellschaft in sozialpsychologische Begriffe und den Gegenstand wissenschaftlicher Erforschung. [...] Wir sollten versuchen, in einem Geist des Widersprechens tätig zu sein und Partner zu werden in einem streitbaren Dialog. Die Unterschiede zwischen dem ‚großen Bruder' und dem ‚kleinen Bruder' könnten mit der Zeit geringer werden; ihre beharrliche Fortexistenz zeigt nur, dass auf beiden Seiten eine wirkliche Reife noch nicht erreicht ist" (Moscovici, S., 1972, 17 – 20, Übersetzung: G. E.).

23.2

„Die [amerikanische; G. E.] Sozialpsychologie untersucht in ihren Versuchen, generelle Gesetze menschlichen Sozialverhaltens aus mutmaßlichen ‚universellen' und ‚präsozialen' Gesetzen der individuellen Motivation abzuleiten, eine verkehrte Art von Mensch. [...] Das eigentlich zentrale Anliegen der Sozialpsychologie sollte die Untersuchung derjenigen psychologischen Prozesse sein, die soziale Veränderungen begleiten und bestimmen und durch sie bestimmt werden" (Tajfel, H., 1972, 4, Übersetzung: G. E.).

Exemplarisch für die Kritik an dieser Konzeption sollen im folgenden die von Gustav Jahoda (1974) in einer Rezension vorgebrachten Gegenargumente angeführt werden. Seine Kritik besteht in erster Linie darin, dass er auf *mögliche* logische und wissenschaftstheoretische Folgerungen aus den Ausführungen Tajfels und Moscocicis hinweist:

1. die Gefahr einer ‚Dichotomisierung' von individueller (=Allgemeiner; G. E.) und Sozialpsychologie,
2. das Abdriften einer individuumsabständigen Sozialpsychologie in eine soziologische Theorie bzw. in eine soziologische Sozialpsychologie,
3. die (implizite) Leugnung der Möglichkeit, in der Sozialpsychologie universell gültige Aussagen über die Regulation sozialen Verhaltens zu machen.

Einer wirkungsgeschichtlichen Analyse von M. Kumpf zufolge gewinne man beim Lesen neuerer europäischer Fachzeitschriften keineswegs den „Eindruck, [...], dass sich ein großer Teil der Forscher auf den Weg begeben hätte, den Tajfel und Moscovici gewiesen haben" (Kumpf, M., 1990, 126).

23.3

„Er [Tajfel, G. E.) beharrt auf seiner Behauptung, dass zwischen individueller [=Allgemeiner, G. E.] und Sozialpsychologie eine gewisse Zusammenhangslosigkeit [discontinuity] besteht. [...] Tajfel macht den Versuch, die Sozialpsychologie von der individuellen Psychologie zu trennen. Ich [=Jahoda] glaube nicht, dass man das tun sollte. Die dafür notwendigen begrifflichen und methodischen Instrumente gibt es nicht, und es besteht wenig Aussicht, dass es sie geben wird" (Jahoda, G., 1974, 109, Übersetzung: G. E.).

Die sog. ‚Krise' der Sozialpsychologie in den 60er und 70er Jahren des 20. Jahrhunderts und der Vorschlag einer Alternative (Gergen, K. J., 1973) 24

In den 60er und 70er Jahren des 20. Jahrhunderts war in weiten Kreisen der Sozialpsychologie, der amerikanischen und der europäischen, von ‚Krise' die Rede. Die Beteiligten haben sie als eine ‚Selbstbewusstseinskrise' bewertet. Eine Reihe von Krisenanzeichen hat die beklagte Situation herbeigeführt. Einige dieser Anzeichen seien kurz erwähnt:

1. Die Ergebnisse der Einstellungs- und Einstellungsänderungforschung erwiesen sich als ungeeignet, zuverlässige Aussagen über Verhalten oder Verhaltenstendenzen zu machen, da Einstellung und einstellungskonformes Verhalten häufig auseinander klafften.
2. Die Verwendung ethisch fragwürdiger Untersuchungstechniken (z. B. massiver Druck auf Versuchspersonen zu [vermeintlichen] inhumanen Handlungsweisen; grobe Täuschung von Versuchspersonen) in sozialpsychologischen Experimenten führte zu interner und breiter öffentlicher Kritik (Musterbeispiel: Milgram-Studie, 1965).
3. Es wurde bezweifelt, ob das Verhalten der Versuchsperson im psychologischen Experiment als authentisch bewertet werden kann, da man nicht ausschließen kann, dass es sich u. a. an den vermuteten Erwartungen des Versuchsleiters orientiert („die gute Versuchsperson"). Eine wirksame Kontrolle dieser sog. ‚Versuchsleiter-Artefakte' erwies sich als schwierig.
4. Bei der Interpretation von Untersuchungsergebnissen zeigte sich (insbesondere in der amerikanischen Sozialpsychologie) die Tendenz zu ungeschützten

Generalisierungen, verbunden mit der Vernachlässigung kultur- und historisch-spezifischen Parametern (Sozialpsychologie „des netten Menschen" bzw. des amerikanischen Durchschnittsbürgers).

Über diese vorwiegend auf einer methodologisch-methodischen Ebene anzusiedelnden Einzelindikatoren einer ‚Krise' hinaus hat Kenneth J. Gergen, Professor der Psychologie am renommierten Swarthmore College in Pennsylvania, eine fundamentale, den Forschungsansatz der Sozialpsychologie als ganzes in Frage stellende Kritik aus einer erkenntniskritischen Perspektive ausgeübt. Zugleich hat er versucht, eine Alternative aufzuzeigen. Pikanterweise erschien sein Aufsatz in der „Spitzenzeitschrift unseres Fachgebiets" (Jonas, Stroebe & Hewstone, 2007, 23): Journal of Personality and Social Psychology, 1973. Der Titel des Aufsatzes ‚Social Psychology as History' ist semantisch mehrdeutig. Eine mögliche Lesart wäre ‚Sozialpsychologie = Geschichte'. Das ist aber nicht die Intention Gergens. Wohl aber geht es ihm um eine vom Gegenstand der Sozialpsychologie her zwingende interdisziplinäre Verquickung von Sozialpsychologie und Geschichte. Historische Analyen müssen integraler Bestandteil sozialpsychologischer Forschung sein.

Die folgenden Auszüge enthalten in deutscher Übersetzung das *Abstract* des Artikels (S. 309) und die abschließenden fünf ‚*Implikationen für eine historische Wissenschaft des sozialen Verhaltens*' (S. 316 – 319).

Abstract

„Die Analyse sozialpsychologischer Theorien und Forschung zeigt, dass zwar die Forschungsmethoden in ihrem Kern wissenschaftlich sind, dass aber die Theorien des Sozialverhaltens in erster Linie Reflexion gegenwärtigen Geschehens sind. Die Verbreitung psychologischen Wissens verändert die Verhaltensmuster, auf denen dieses Wissen beruht. So beruhen die vorgefassten Meinungen psychologischer Theorien, die daraus hervorgehenden Wirkungen auf das Wissen und der Widerstand dagegen auf solchen Werten wie Freiheit und Individualität. Außerdem beruhen die theoretischen Prämissen hauptsächlich auf *erworbenen* Dispositionen. Da die Kultur sich verändert, verändern sich auch die Dispositionen, und die Postulate verlieren ihre Geltung. Verschiedene Veränderungen in Fragestellungen und Methoden der Sozialpsychologie müssen aus dieser Analyse abgeleitet werden".

„*Implikationen für eine historische Wissenschaft des Sozialverhaltens*

Im Lichte der vorgebrachten Argumente [=historische Variabilität psychischer Prozesse, G. E.] scheint der fortgesetzte Versuch, *allgemeine Gesetze des Sozialverhaltens* aufzustellen, in die Irre zu führen, und der damit verbundene Glaube, dass das Wissen über soziale Interaktion ähnlich wie in den Naturwissenschaften akkumuliert werden kann, scheint unberechtigt zu sein. Sozialpsychologische Untersuchungen sind in erster Linie ein historisches Unternehmen. Wir sind hauptsächlich bemüht um einen historischen Zugang zu gegenwärtigen Vorgängen. Wir benutzen wissenschaftliche Methoden, aber die Ergebnisse sind keine wissenschaftlichen Grundsätze im traditionellen Sinn. Künftig sollten sich Historiker mehr um solche Aussagen kümmern, die ein besseres Verständnis vom gegenwärtigen Leben ermöglichen. Künftige Psychologen müssen wahrscheinlich weniger Wert legen auf [nur] gegenwartsbezogenes Wissen. Diese Überlegungen sind keine rein akademischen und beschränken sich nicht auf eine einfache Neudefinition von Wissenschaft. Sie implizieren bedeutende Veränderungen der Tätigkeit auf diesem Gebiet. Fünf solcher Veränderungen sind zu beachten:

[1.] Integration von ,reiner' und ,angewandter' Forschung
Unter akademischen Psychologen gibt es ein weit verbreitetes Vorurteil gegen angewandte Forschung, ein Vorurteil, das sich in der zentralen Betonung reiner Forschung in den Spitzenzeitschriften äußert und in der Abhängigkeit der Fördermaßnahmen und der Planstellen von Beiträgen zur reinen im Gegensatz zur angewandten Forschung. Teils beruht dieses Vorurteil auf der Annahme, dass angewandte Forschung nur von kurzlebigem Wert sei. Während sie auf unmittelbare Probleme beschränkt sei, trage die reine Forschung zu bleibendem Grundlagenwissen bei. Aus unserer Sicht sind solche Rechtfertigungen dieses Vorurteils nicht berechtigt. Das Wissen der reinen Forschung ist selbst kurzlebig. Die Generalisierungen im Bereich der reinen Forschung sind gar nicht generell gültig. In dem Maße, in dem Generalisierungen der reinen Forschung eine größere transhistorische Validität aufweisen, reflektieren sie Prozesse von peripherem Interesse oder von Bedeutung für das Funktionieren der Gesellschaft. Sozialpsychologen werden ausgebildet, um Werkzeuge der begrifflichen Analyse und wissenschaftlicher Methoden zur Erforschung menschlicher Interaktion anzuwenden. Anstelle der Sterilität perfektionierter allgemeiner und zeitloser Prinzipien sollten diese Werkzeuge produktiver verwendet werden für die Lösung von Problemen, die unmittelbar für die Gesellschaft bedeutsam sind. Das impliziert nicht, dass solche Forschung in einem abgeschirmten Rahmen stattfinden muss.

Ein Hauptmangel der angewandten Forschung ist vielfach, dass die für die Beschreibung und Erklärung verwendeten Begriffe relativ konkret und auf den Einzelfall bezogen sind. Die konkreten Verhaltensakte, die von akademischen Psychologen untersucht werden, sind dagegen oft eher trivial und die Erklärungen sind sehr allgemein und in hohem Maße heuristisch. Die hier vorgebrachten Überlegungen legen nahe, die gegenwärtigen sozialen Fragestellungen auf der Grundlage der Anwendung wissenschaftlicher Methoden und eines begrifflichen Instrumentariums von breiter Allgemeingültigkeit in den Brennpunkt zu rücken.

[2] Von der Vorhersage zur Sensitivierung

Als zentrales Anliegen der Psychologie werden traditionellerweise Vorhersage und Kontrolle des Verhaltens betrachtet. Aus gegenwärtiger Sicht führt dieses Anliegen in die Irre und bedarf wohl kaum der Erforschung. Die Prinzipien menschlichen Verhaltens können nur einen begrenzten Vorhersagewert über die Zeit hinweg haben, und für ihre genaue Kenntnis sind die Mittel der Kontrolle nicht geeignet. Vorhersage und Kontrolle können also nicht als Erkenntnisbausteine auf diesem Gebiet dienen. Psychologische Theorie kann [aber] eine ausgesprochen bedeutsame Rolle spielen als Instrument der Sensitivierung. Sie kann eine Reihe von Faktoren aufklären, die potentiell Verhalten unter verschiedenen Bedingungen beeinflussen. Die Forschung kann auch zur Einschätzung der Bedeutsamkeit dieser Faktoren zu einer bestimmten Zeit beitragen. Ob es sich um den Bereich der Gesellschaftspolitik oder um persönliche Verhältnisse handelt: Die Sozialpsychologie kann die Sensitivität des Individuums für subtile Einflüsse und für offenkundige Annahmen, die sich in der Vergangenheit als nützlich erwiesen haben, erhöhen.

Wenn man einen Sozialpsychologen zu einem bestimmten Verhalten in einer konkreten Situation um Rat fragt, ist seine typische Reaktion: Entschuldigung, es tut mir leid. Es wird dann erklärt, diese Fragestellung sei gegenwärtig noch nicht hinreichend untersucht worden, so dass gültige Vorhersagen nicht gemacht werden können. Von unserem Standpunkt aus sind solche Entschuldigungen nicht akzeptabel. Die Fragestellung selbst kann nicht die Prinzipien hervorbringen, nach denen zuverlässige Vorhersagen gemacht werden können. Verhaltensmuster unterliegen einer ständigen Veränderung. Was jedoch das Fachgebiet leisten kann und soll, ist eine Forschung, die den Fragesteller über eine Anzahl von Optionen informiert, so dass er seine Sensitivität verbessern und auf eine schnellere Anpassung an Umweltveränderungen vorbereitet sein kann. Es können begriffliche und methodische Instrumente zur Verfügung gestellt werden, mit denen treffsicherere Einschätzungen gegeben werden können.

[3] Entwicklungsindikatoren psychosozialer Dispositionen
Sozialpsychologen beschäftigen sich schon immer mit psychologischen Grundprozessen, d. h. mit Prozessen, die ein breites und vielgestaltiges Spektrum des Sozialverhaltens betreffen. Die Experimentalpsychologen untersuchen solche grundlegenden Prozesse wie etwa Farbwahrnehmung, Spracherwerb, Gedächtnis, und die Sozialpsychologen in ähnlicher Weise solche Prozesse wie kognitive Dissonanz, Anspruchsniveaubildung, kausale Attribution. Jedoch gibt es einen erheblichen Unterschied zwischen den Prozessen, die gewöhnlich in der experimentellen Allgemeinen Psychologie und denen, die im Bereich der Sozialpsychologie untersucht werden. Bei den erstgenannten werden die Prozesse meist biologisch an den Organismus gebunden; sie seien kein Gegenstand von Auswirkungen des Aufklärungsdenkens und nicht abhängig von kulturellen Bedingungen. Im Gegensatz dazu seien die meisten der in den gesellschaftlichen Bereich fallenden Prozesse, die von erworbenen Dispositionen abhängig sind, Gegenstand erheblicher zeitlicher Veränderungen. Aus dieser Perspektive ist es ein Fehler, die in der Sozialpsychologie behandelten Prozesse auf naturwissenschaftlicher Basis verstehen zu wollen. Sie sollten vielmehr weitestgehend als psychologisches Pendant von Kulturprozessen betrachtet werden. Ebenso wie der Soziologe Parteipräferenzen oder Mobilitätsprozesse thematisiert, sollte der Sozialpsychologe die sich verändernden psychologischen Dispositionenmuster und ihre Beziehung zum sozialen Verhalten in den Blick nehmen. Da Dissonanzreduktion ein wichtiger Prozess ist, sollten wir in der Lage sein, die Häufigkeit und die Stärke einer solchen Disposi-

tion in der Gesellschaft über die Zeit hinweg und die vorherrschenden Varianten der Dissonanzreduktion, die es in einer bestimmten Zeit gibt, zu erfassen. Wenn Wertschätzung die soziale Interaktion zu beeinflussen scheint, dann sollten breit angelegte Kulturstudien den Umfang dieser Disposition, ihre Stärke in verschiedenen Subkulturen und die Formen des Sozialverhaltens, mit denen sie [die Disposition, G. E.] höchstwahrscheinlich zusammenhängt, ermitteln. Obwohl Laborexperimente geeignet sind, einzelne Dispositionen zu isolieren, sind sie schlechte Indikatoren für die Reichweite und Bedeutung von Prozessen des heutigen gesellschaftlichen Lebens. Wir brauchen Methoden, die Häufigkeit, Stärke und Formen psychologischer Dispositionen über die Zeit hinweg erschließen. In der Tat, eine Methodologie der psychologischen sensitiven sozialen Indikatoren ist erforderlich.

[4] Zur Stabilität des Verhaltens
Soziale Phänomene können beträchtlich variieren in dem Maße, in dem sie Gegenstand historischer Veränderung sind. [...] Wir müssen uns ein *Kontinuum von historischer Konstanz* vorstellen: auf der einen Seite Phänomene, die sehr zugänglich sind für historische Einflüsse, auf der anderen Seite solche, die gegen Umwelteinflüsse stabiler sind. Unter dieser Perspektive brauchen wir dringend Forschungsmethoden, die relative Konstanz [durability] sozialer Phänomene deutlich machen. Die cross-cultural-Methoden könnten für diese Aufgabe genutzt werden. Obwohl cross-cultural-Rekonstruktionen schwierig sind, müsste die Gleichartigkeit einer bestimmten Funktionsform über die äußerst verschiedenartigen Kulturen hinweg für ihre Konstanz im Verlauf der Zeit sprechen. Auch contentanalytische Methoden können verwendet werden für die Prüfung von Zeugnissen aus frühen historischen Zeitaltern. Bis jetzt sind solche Zeugnisse wenig beachtet worden. [...] Wir müssen noch eine große Menge von Informationen über die Interaktionsmuster in der Frühgeschichte erschließen. Obwohl eine verbesserte Erforschung von Verhaltensmustern über Raum und Zeit hinweg wertvolle Erkenntnisse erbringt, bleiben viele Probleme offen. Manche Verhaltensmuster bleiben stabil, bis sie gegenüber anderen im Laufe der Zeit dysfunktional werden. Die menschliche Neigung zur Vorstellung von einem göttlichen Wesen hat eine lange Geschichte und ist in zahlreichen Kulturen nachweisbar; dennoch sind viele skeptisch in bezug auf die Zukunft dieser Neigung. Beurteilungen der Dauerhaftigkeit könnten eine Erklärung sowohl für die Möglichkeiten als auch für die tatsächliche Stabilität dieser Phänomene geben. Wenn auch die Untersuchung von dauerhaften Dispositionen sehr wertvoll ist, sollten wir dennoch nicht außer Acht lassen, dass das Studium von Verhaltensmustern der Vergangenheit nicht nur nützlich, sondern wünschenswert ist. Der Hauptanteil der Varianz sozialen Verhaltens ist zweifellos zurückzuführen auf historisch bedingte Dispositionen, und die Herausforderung, solchen Prozessen gerecht zu werden, ist enorm.

[5] Zu einer integrierten Sozialgeschichte
Es ist behauptet worden, dass die sozialpsychologische Forschung in erster Linie eine Untersuchung *heutigen* Geschehens sei. Als solche nimmt sie kurzsichtig einen disziplinären Abstand a) zu einem traditionellen Studium der Geschichte und b) zu historisch relevanten Wissenschaften, wie Soziologie, Politikwissenschaft und Ökonomie. Die speziellen Forschungsstrategien und die Sensitivität des Historikers könnten die Erkenntnisse des Sozialpsychologen in Gegenwart und Vergangenheit verbessern. Als

besonders nützlich könnte sich die spezifische Sensitivität des Historikers für kausale Zeitabfolgen erweisen. Die sozialpsychologische Forschung konzentriert sich zumeist auf Momentaufnahmen des zeitlichen Kontinuums. Wir haben zu wenig die Funktion dieser Zeitsegmente innerhalb ihres historischen Gesamtkontexts beachtet. Wir haben kaum eine Theorie entwickelt, die sich mit dem Zusammenhang einzelner Ereignisse mit größeren Zeitabschnitten befasst. Auf der anderen Seite können die Historiker aus den strengen Methoden der Sozialpsychologen Nutzen ziehen, um eine spezielle Sensitivität für psychologische Variablen zu gewinnen. Jedenfalls sollte dem Studium der vergangenen und jetzigen Geschichte ein breitestmögliches Netzwerk zugrunde liegen. Politische, ökonomische und institutionelle Faktoren sind notwendige Voraussetzungen für umfassende Einsichten. Eine Konzentration nur auf die Psychologie allein führt zu einem verzerrten Verständnis unserer gegenwärtigen Lage" (Gergen, K. J. 1973, 309. 316 – 320, Übersetzung: G. E.).

Pro und Contra ‚social cognition' – eine Kontroverse (Strack, F. vs. Graumann, C. F., 1988)

Anlässlich der Gründung der Fachgruppe ‚Sozialpsychologie' innerhalb der Deutschen Gesellschaft für Psychologie (1987) wurde ein ‚Streitgespräch' zum Thema „Pro und contra ‚social cognition'" veranstaltet. Als ‚Kontrahenten' fungierten F. Strack vs. C. F. Graumann. Strack hält das seinerzeit relativ hoch im Kurs stehende Informationsverarbeitungs-Konzept für geeignet, einer kognitiv orientierten Sozialpsychologie als metatheoretischer und methodischer Leitfaden zu dienen. Er ist der „Überzeugung, Verhalten, soziales Verhalten, Interaktion könne um so zufriedenstellender erklärt und vorhergesagt werden, je besser die Repräsentation und die kognitive Verarbeitung der sozialen Realität im Individuum verstanden wird" (Strack, 1988, S.77). Graumann vertritt dagegen die Meinung, dass die individuum-zentrierte Sozialpsychologie des Informationsverarbeitungs-Ansatzes Gefahr laufe, das originär Soziale menschlichen Verhaltens und Erlebens zu verfehlen. Der ‚Individualisierung des Sozialen' korrespondiere eine ‚Desozialisierung des Individuums'. Die ‚Repräsentation' (Prozess) erhalte den Primat gegenüber dem ‚Repräsentierten' (Inhalt).

(Um eine flüssigere Lesbarkeit des Textes zu erreichen, wurden die meisten der von F. Strack gegebenen Literaturhinweise weggelassen.)

25.1 (Strack, F.)

„*Social Cognition:* Sozialpsychologie *innerhalb des Paradigmas der Informationsverarbeitung.*"

‚Social Cognition' ist ein Schlagwort, das dem Sozialpsychologen in den letzten Jahren an den verschiedensten Stellen begegnet ist: im Journal of Personality and Social Psychology als Überschrift der Sektion ‚Attitudes and Social Cognition', als Titel einer der erfolgreichen neuen Zeitschriften in unserem Fach, als Gegenstand eines dreibändigen, kürzlich erschienenen Handbuchs (Wyer & Srull, 1984), oder als einführendes Lehrbuch für Studierende (Fiske & Taylor, 1984). Diese Beobachtung macht bisher vor allem, wer sich mit der amerikanischen Psychologieszene befaßt.

In Antizipation möglicher zukünftiger Entwicklungen, oder zur Verhinderung möglicher Fehlentwicklungen, ist es daher sinnvoll, sich auch hier mit Social Cognition zu beschäftigen und abzuklopfen, was hinter diesem Schlagwort steht: eine neue Modeströmung oder ein ernst zu nehmendes Forschungsprogramm.

Die Charakterisierung von „Social Cognition" als „Sozialpsychologie innerhalb des Paradigmas der Informationsverarbeitung" impliziert bereits einige Annahmen, die zur Vermeidung von Mißverständnissen vorweg expliziert werden sollen. Was soll unter „Paradigma" verstanden werden, was unter „Informationsverarbeitung"?

Unter „Paradigma" sollen - ohne Verpflichtungen auf weitergehende wissenschaftstheoretische Implikationen - diejenigen metatheoretischen Grundüberzeugungen verstanden werden, die von Mitgliedern einer „scientific community" geteilt werden, die am Forschungsprozeß aktiv beteiligt sind. Dazu gehören fest verankerte Grundüberzeugungen darüber, was die richtige Erklärungsebene und die adäquate Forschungsmethode ist, was eine wichtige und was eine unwichtige Fragestellung darstellt, welches Forschungsergebnis interessant und welches uninteressant ist, welche Schlußfolgerungen aus einem Ergebnis gezogen werden können und anderes mehr.

Ein solches, geteiltes Überzeugungssystem dient in erster Linie der Kommunikation. Wenn zum Funktionieren einer Wissenschaft die Kommunikation innerhalb der „scientific community" notwendig ist - die kritische Diskussion wird oft als Voraussetzung für wissenschaftlichen Fortschritt angesehen - und wenn darüber hinaus die wissenschaftliche Kommunikation auch funktionieren soll, dann ist es notwendig, daß unter den Kommunikanten ein ausreichender Grundkonsens besteht, d. h., daß in einem hinreichenden Maße Grundüberzeugungen geteilt werden. Ist dies nicht der Fall, richtet sich die Diskussion sehr schnell auf eben diese unterschiedlichen Grundüberzeugungen und nicht auf das konkrete Forschungsproblem. Jeder, der einmal versucht hat, mit einem Historiker oder einem Vertreter der Kritischen Psychologie über laborexperimentelle Ergebnisse zu diskutieren, weiß, worum es geht. Derartige Grundsatzdiskussionen sind sicherlich anregend, haben einen hohen Unterhaltungswert und sind - in den richtigen Dosen verabreicht - manchmal bestimmt auch nützlich. Nur: ihr Beitrag zur kontinuierlichen Forschungspraxis wird zweifellos überschätzt. Wissenschaftliche Kommunikation und Kooperation lebt davon, dass die am Forschungsprozeß Beteiligten Informationen und Argumente austauschen, die nicht die Grundüberzeugungen der Forscher in Frage stellen, sondern konkrete und lösbare Forschungsprobleme betreffen. Dies ist eine wichtige Funktion eines Paradigmas und

das Paradigma der Informationsverarbeitung hat diese „kommunikationsstiftende" in der Psychologie ausgeübt.
Was sind die Grundüberzeugungen, die im Paradigma der Informationsverarbeitung enthalten sind? Vor allem drei Annahmen: erstens die Überzeugung, daß befriedigende psychologische Erklärungen auf der mentalen Ebene und nicht auf der Stimulus-Response-Ebene angesiedelt sind. Das heißt, das Verständnis organismusinterner Vorgänge - um den behavioristischen Begriff zu benutzen - ist die Voraussetzung für erfolgreiche psychologische Forschung. Zweitens: mentale Vorgänge können als Prozeß der Verarbeitung von Informationen verstanden werden, der im wesentlichen in Abbildung 1 dargestellten Standardsequenz folgt.

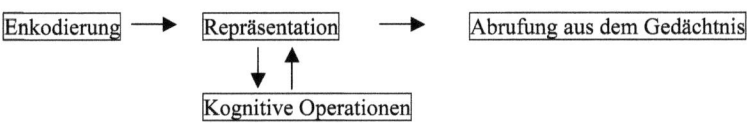

Abbildung 1 Standardsequenz der Informationsverarbeitung

Das heißt, Informationen werden abgespeichert und dabei in einen internen Code übersetzt. Auf den abgespeicherten Informationen werden kognitive Operationen durchgeführt, welche die Art der internen Repräsentation verändern. Schließlich werden Informationen aus dem Gedächtnis abgerufen. Dieses Verständnis mentaler Vorgänge erlaubt drittens, Psychologie weiterhin als objektive, empirische Wissenschaft zu betreiben (s. Strack, 1983).

Der Einfluß des Paradigmas der Informationsverarbeitung auf die Sozialpsychologie
Die im Paradigma der Informationsverarbeitung enthaltenen Grundüberzeugungen haben das Selbstverständnis der Sozialpsychologie nachhaltig verändert. Konnte Gergen noch 1973 feststellen, das Gebiet der Psychologie werde typischerweise als die Wissenschaft vom menschlichen Verhalten definiert und die Sozialpsychologie sei die Teilwissenschaft, die sich mit menschlicher Interaktion, also mit sozialem Verhalten beschäftige, so kommen Markus und Zajonc zwölf Jahre später im Handbook of Social Psychology zu dem entgegengesetzten Schluß: „ ... one can no longer view today's social psychology as the study of social behavior. It is more accurate to define it as the study of the social mind" (Markus & Zajonc, 1985, p. 137). Das heißt keineswegs, daß Verhalten und Interaktion nicht mehr als erklärungsbedürftig angesehen würden, es ist lediglich die Überzeugung, daß die Verhaltensebene nicht die adäquate Analyseebene darstellt und daß soziales Verhalten nur dann befriedigend erklärt werden kann, wenn die verhaltenssteuernden mentalen Prozesse hinreichend verstanden sind.
Ob das Forschungsprogramm „Social Cognition" als Sozialpsychologie innerhalb des Paradigmas der Informationsverarbeitung die gestellten Erwartungen erfüllt, kann auf zweierlei Weise beantwortet werden. Einmal durch eine Bewertung der Grundüberzeugungen des Paradigmas, als Grundsatzdiskussion sozusagen aus metapsychologischer Perspektive. Die zweite Bewertungsmöglichkeit beinhaltet die Orientierung an der konkreten Forschung, die diesem Paradigma zugerechnet wird: die Bewertung der bisher gewonnenen Erkenntnisse, die Einschätzung

ihrer Fruchtbarkeit für wichtige psychologische Fragestellungen, die Nachfrage nach derartigen Erkenntnissen aus Nachbardisziplinen, der Einfluß auf die Integration der Forschung innerhalb der Sozialpsychologie und der Sozialpsychologie selbst innerhalb der restlichen Psychologie. Hier soll nun dieser zweite Weg eingeschlagen und betrachtet werden, was in den letzten Jahren geschehen ist und welche Konsequenzen die bisherigen Forschungsaktivitäten nach sich gezogen haben.

Das Ende der Krise: neue Fragen, neue Antworten, neue Erkenntnisse zu alten Forschungsproblemen
Dabei möchte ich beginnen mit der Frage, was denn eigentlich aus der Krise geworden ist, die Sozialpsychologen in den 70er Jahren immer wieder als Zustand ihres Faches diagnostiziert hatten: Es fällt auf, daß die entsprechenden Klagen in der letzten Zeit verstummt sind – zumindest jenseits des Atlantiks. Die ethischen Grenzen des Experimentierens sind erkannt und in verbindlichen Verhaltensregeln kodifiziert, Mißverständnisse im Zusammenhang mit der Forderung nach ökologischer Validität aufgeklärt, und Versuchsleitereinflüsse werden als im wesentlichen eliminierbar angesehen, kurz: die experimentelle Methodologie der Sozialpsychologie ist weitgehend unumstritten. Was die Theorie betrifft, so erscheint die These von der historischen Relativität sozialpsychologischer Befunde (Gergen, 1973) in der Diskussion kaum mehr eine Rolle zu spielen. Die konkrete Forschung richtet sich weniger auf isolierte Effekte, wie den Foot-in-the-door oder den Riskyshift-Effekt, sondern auf umfassendere theoretische Zusammenhänge. Der Vorwurf des „fun-and-games" trifft die gegenwärtige Forschung nicht. Viele der damaligen Krisenmerkmale sind derzeit einfach verschwunden. Resultat professioneller Selbstreflexion ist nicht länger Ratlosigkeit, sondern begründete Zuversicht.
Die These kann aufgestellt werden, daß die zunehmende Bedeutung des Paradigmas der Informationsverarbeitung in der Sozialpsychologie nicht nur in zeitlichem Zusammenhang mit dem abnehmenden Krisenbewußtsein und der wachsenden Zuversicht steht, sondern eine der wesentlichen Ursachen für diese Entwicklung darstellt. Hier die Gründe: Erstens, es wurden entscheidende Fortschritte im Verständnis psychologischer Prozesse bei der Erfahrung sozialer Wirklichkeit erzielt. Und zwar dadurch, daß neue Fragestellungen aufgeworfen und durch neue Erkenntnisse wichtige Einsichten zu traditionellen Forschungsproblemen gewonnen wurden. Neue Fragestellungen ergeben sich aus der Orientierung an der Standardsequenz der Informationsverarbeitung. Dies soll am Beispiel des Einflusses von übergeordneten Wissensstrukturen (also Schemata, Prototypen, Skripts, etc.) auf die Informationsverarbeitung erläutert werden.
So ist in der Psychologie seit Selz (1913) und Bartlett (1932) bekannt, *daß* übergeordnete Wissensstrukturen psychologische Prozesse bestimmen, und in der Sozialpsychologie wurde bereits in den 50er Jahren von Bruner, Postman und Mitarbeitern gezeigt, daß die soziale Wahrnehmung durch solche Strukturen beeinflußt ist. *Wie* Einflüsse übergeordneter Wissensstrukturen im einzelnen ablaufen, blieb dabei allerdings unklar.
Im Vordergrund der am Paradigma der Informationsverarbeitung orientierten Forschung steht die Frage nach dem *Ablauf* psychologischer Prozesse, zum Beispiel die Frage nach der Art der Repräsentation von Wissensstrukturen und daraus entstehenden Konsequenzen. Beeinflussen bildhafte Schemata die Informationsverarbeitung in

anderer Weise, als sprachlich-propositionale Schemata? Zu welchem Zeitpunkt in der Sequenz der Informationsverarbeitung werden Schemata wirksam, und wie werden sie wirksam? Bei der Enkodierung der Information, bei der Durchführung von kognitiven Operationen, der Abrufung der Information aus dem Gedächtnis, oder bei sämtlichen Teilprozessen der Informationsverarbeitung? Speziellere Fragestellungen lenken die Aufmerksamkeit auf unterschiedliche Prozesse bei der Verarbeitung schemakonsistenter und schemainkonsistenter Information, auf unterschiedliche Erinnerungsleistung, auf die Verfügbarkeit von Schemata und Konsequenzen für die Art der Enkodierung und kognitive Operationen, zum Beispiel Wahrscheinlichkeitsschätzungen, und vieles andere mehr.

Zahlreiche neue Forschungsfragen sind aus dem Paradigma der Informationsverarbeitung heraus entstanden, Forschungsfragen, deren sozialpsychologische Relevanz vor einigen Jahren sicherlich sehr bestritten worden wäre und von Fachkollegen, die nicht an diesem Paradigma orientiert sind, auch heute sicherlich noch bestritten wird. Das Entstehen von neuen Fragen ist jedoch nicht primäres Bewertungskriterium, sondern die Antworten, sprich: neue Erkenntnisse und die Fruchtbarkeit dieser Erkenntnisse zur Lösung traditioneller sozialpsychologischer Forschungsprobleme.

Im folgenden soll dargestellt werden, wie für einige „klassische" Forschungsprobleme der Sozialpsychologie aus der Perspektive des Programms „Social Cognition" neue Einsichten gewonnen wurden. Unter Bezug auf Markus und Zajonc (1985) sollen „Selbstkonzept", „Einstellungen" und „Vorurteile" als Beispiele herangezogen werden. Erstes Beispiel ist das Selbstkonzept, das in der Social Cognition Forschung als eine kognitive Struktur verstanden wird und in dieser Perspektive wieder zu einem zentralen Gegenstand empirischer Forschung geworden ist. Erkenntnisse zur Struktur und Dynamik des Selbstkonzepts, zur Rolle des Selbst bei der Enkodierung von Informationen, zum Einfluß der Augenfälligkeit von situationalen Aspekten auf die Aktivierung von Kategorien des Selbst, zur Selbstregulation und zur Selbstaufmerksamkeit haben dieses traditionelle Forschungsgebiet der Sozialpsychologie neu belebt. Zweites Beispiel sind neuere Entwicklungen in der Einstellungs- und Persuasionsforschung. Sie sind vor allem dort zu beobachten, wo das Augenmerk auf die internen kognitiven Reaktionen gerichtet wurde, die als Ergebnis - oder in Antizipation - eines Überzeugungsversuchs stattfinden. Der „Cognitive Response" Ansatz, der Einstellungsänderungen als das Endprodukt eines Prozesses der Informationsverarbeitung betrachtet, hat zweifellos zu einem neuen Aufschwung in der Einstellungsforschung geführt. In diesem Zusammenhang besonders hervorzuheben sind auch die Arbeiten von Fazio und Mitarbeitern, die wichtige Voraussetzungen für die Verhaltensrelevanz von Einstellungen erforscht haben. Fazio fand, daß die kognitive Verfügbarkeit von Einstellungen zum Handlungszeitpunkt für das Verhalten von ähnlicher Bedeutung ist, wie für das Urteil die Verfügbarkeit von Informationen zum Urteilszeitpunkt. Fazio zeigte weiter, wie durch subtile Primingverfahren – wohlgemerkt: eine Methode aus der Gedächtnisforschung – die Verfügbarkeit von Einstellungen und damit auch ihr Einfluß auf das Verhalten erhöht werden kann.

Besonders profitiert von Forschung, die in der Perspektive des Paradigmas der Informationsverarbeitung durchgeführt wurde, hat das Verständnis des Einflusses von Stereotypen und Vorurteilen. Die traditionelle Vorurteilsforschung war geprägt durch die Annahme, daß Stereotypen und Vorurteilen eine eigene besondere psychologische

Qualität zukommt, die sie von anderen Wissensstrukturen grundlegend unterscheidet. Durch den Einfluß des Paradigmas der Informationsverarbeitung werden Stereotype und durch sie beeinflußte Urteile dagegen als ganz normale kognitive Prozesse betrachtet, die sich zwar in ihren Inhalten unterscheiden, - es geht um die Kategorisierung von sozialen Gruppen - nicht aber in den grundlegenden Prinzipien. Aus diesem Grund erschien es angebracht, die Geltung dieser grundlegenden Prinzipien der Informationsverarbeitung, orientiert an der Standardsequenz, für die speziellen Inhalte zu prüfen.

Verstärktes Forschungsinteresse an vernachlässigten Problemfeldern
Viele weitere klassische Forschungsprobleme wären zu nennen, die von der Social Cognition Forschung profitiert haben. Im folgenden soll jedoch die weitergehende These aufgestellt werden, daß sozialpsychologische Problemfelder, die in der letzten Zeit vernachlässigt wurden, innerhalb des Paradigmas der Informationsverarbeitung neu beforscht wurden. Dies gilt vor allem für emotionale Prozesse. Sowohl der Einfluß der Informationsverarbeitung auf die Stimmung wie auch der umgekehrte Einfluß der Stimmung auf die Informationsverarbeitung wurde zum Forschungsproblem. Neben zahlreichen anderen Befunden wurde von Schwarz und Clore (1983) gezeigt, daß Stimmungen als Information in die Urteilsbildung eingehen können und z. B. als Grundlage zur Beurteilung des eigenen Wohlbefindens herangezogen werden können (Schwarz. 1987). Dieses Ergebnis impliziert keinesfalls die Identität von Stimmungen und Kognitionen, sondern zeigt, daß eine Theorie zur Erklärung von Sachverhalten herangezogen werden kann, für die sie ursprünglich gar nicht formuliert war. Darin zeigt sich die Fruchtbarkeit eines theoretischen Ansatzes.

Auch wenn physiologische Komponenten emotionaler Reaktionen beeinflußt werden, spielen kognitive Urteilsprozesse eine wichtige Rolle. So haben Strack, Martin und Stepper kürzlich gefunden, daß affektive Reaktionen, die durch die Manipulation des Gesichtsausdrucks verstärkt wurden, vor allem dann zur Bewertung des auslösenden Stimulus herangezogen werden, wenn die Versuchspersonen nicht veranlaßt wurden, zwischen ihrer eigenen affektiven Reaktion und dem externen Stimulus zu differenzieren.

Motivation und soziales Handeln in der Perspektive von Social Cognition
Es mag vielleicht eingewandt werden, daß zwei wichtige sozialpsychologische Problembereiche von der am Paradigma der Informationsverarbeitung orientierten Forschung bislang vernachlässigt wurden: Motivation und Handeln. Das traf bis vor kurzem zu. In jüngster Zeit jedoch haben sowohl motivationale Prozesse als auch Verhaltensimplikationen in ganz besonderem Maße die Aufmerksamkeit der Social Cognition Forschung gefunden. Die gemeinsame Grundlage der am Paradigma der Informationsverarbeitung orientierten sozialpsychologischen Handlungs- und Motivationsforschung ist die Überzeugung, Verhalten, soziales Verhalten, Interaktion könne um so zufriedenstellender erklärt und vorhergesagt werden, je besser die Repräsentation und die kognitive Verarbeitung der sozialen Realität im Individuum verstanden wird. Es ist die Überzeugung, daß die Kenntnis der objektiven Stimulussituation nicht ausreicht, um soziales Verhalten zu erklären. Es sind die gezogenen Schlußfolgerungen, die zugeschriebenen Eigenschaften, die erschlossenen Intentionen, Bewertungen

– alles Resultate von kognitiven Operationen -, auf deren Grundlage Verhalten und Interaktion verstehbar wird und nicht die objektive Stimulussituation. Diese Erkenntnis scheint bei denjenigen Kollegen, die sich in ihrer eigenen empirischen Forschung mit Problemen der sozialen Interaktion beschäftigen, auf fruchtbaren Boden gefallen zu sein. [...]

Social Cognition und Interaktion [stehen sich] keineswegs wie feindliche Brüder gegenüber. Im Gegenteil: beide zentralen Forschungsgebiete der Sozialpsychologie profitieren voneinander. Das ‚eigensinnige [...] Weiterverfolgen des (individualisierenden) Kognitivismus' (Graumann, 1979, S. 301) verspricht- zumindest in der Perspektive der Social Cognition Forschung - ein besseres Verständnis von Prozessen sozialer Interaktion, als das oft verordnete Heilmittel der verstärkten Kleingruppenforschung. Will man die „Scheu des Psychologen vor der Interaktion" beklagen, so muß man genau unterscheiden, ob mit ‚Interaktion' die Analyseebene oder ein Forschungsproblem gemeint ist. Die beklagte Scheu erscheint als vernünftige Ab-stinenz, wenn sie sich gegen eine Theoriebildung richtet, die auf quasibehavioristischer Verhaltensebene erfolgt. An dieser Stelle soll eines deutlich ausgesprochen werden: Wissenschaft ist ein Wettbewerb der Ideen und die bessere Idee ist der guten Feind. Wer meint, Interaktion und Gruppenverhalten ohne Rekurs auf kognitive Prozesse besser erklären zu können, ist aufgefordert dies zu tun. Konkurrenz belebt die Forschung und Paradigmata sind nicht per Anordnung durchzusetzen. Nur: Lippenbekenntnisse und Empfehlungen sind unzureichend. Es sind die konkreten Forschungsergebnisse, die eine vergleichende Bewertung ermöglichen, und nicht bereits das Programm.

Integration der Sozialpsychologie innerhalb der Psychologie
Daß so vielfältige Forschungsgebiete der Sozialpsychologie innerhalb des Paradigmas der Informationsverarbeitung betrachtet und so viele unterschiedliche Phänomene mit wenigen sparsamen Prinzipien erklärt werden können, belegt die integrative Funktion des Paradigmas. Aber es ist nicht nur die *intra*disziplinäre Integration, die durch das Paradigma der Informationsverarbeitung gefördert wird, sondern auch die Integration der Sozialpsychologie innerhalb der Psychologie. Bislang wurde hauptsächlich ausgeführt, wie die *allgemeinen* Gesetzmäßigkeiten geistiger Tätigkeit zur Lösung sozialpsychologischer Probleme fruchtbar gemacht werden können. Es handelt sich jedoch keineswegs um eine einseitige Fertilisation. Die Sozialpsychologie hat in der Vergangenheit wesentliche Beiträge zur Implementierung des Paradigmas geleistet und viele Ergebnisse der aktuellen Social Cognition Forschung beeinflussen die Allgemeine (experimentelle) Psychologie.
Die Frage lautet: was ist „social" an „Social Cognition" oder, was ist „social" an „Cognition" überhaupt? Zunächst sollen diejenigen Einflüsse der Sozialpsychologie aufgezählt werden, die in der Vergangenheit die Umsetzung des Paradigmas der Informationsverarbeitung in der Psychologie geprägt haben, dann der Beitrag der gegenwärtigen Social Cognition Forschung.
Erstens: die Sozialpsychologie war schon lange vor der kognitiven Wende kognitiv. Das heißt, mentale Vorgänge waren - spätestens seit Lewin – der Gegenstand der Theoriebildung, zu einer Zeit, in der der Behaviorismus gerade seinem Zenit zustrebte. Daß dies keine sozialpsychologische Selbstüberschätzung darstellt, möge folgendes Zitat George Mandlers (1985) belegen, der in seinem Buch ‚Cognitive psychology' schreibt:

„Much of social psychology was cognitive long before the new wave took hold, and it was the repository of underground cognitive wisdom during the behaviorist interlude (p. 18)".

Zweitens: die Bedeutung von übergeordneten kognitiven Strukturen wurden von der Sozialpsychologie - wie auch von der Würzburger Schule der Denkpsychologie - sehr früh erkannt. Heute ist dies eines der zentralen Forschungsgebiete der kognitiven Psychologie.

Drittens: die Sozialpsychologie hat seit jeher die Überzeugung vertreten, daß die Sinnhaftigkeit geistiger Inhalte der Schlüssel zum Verständnis der grundlegenden psychologischen Prozesse darstellt. Es sind nicht die sinnlosen Silben, mit denen die Struktur des Gedächtnisses erforscht werden kann, sondern Gedankeninhalte. die in semantischer oder episodischer Beziehung zueinander stehen. Erst auf dem Umweg über sinnlose Silben, Wörter und Sätze zu übergreifenden Zusammenhängen, wie Geschichten und Episoden als Stimulusmaterial ist die Allgemeine (experimentelle) Psychologie dorthin gelangt, wo die Sozialpsychologie schon lange war. Kognitive Analyseebene, übergeordnete Wissensstrukturen, Sinnhaftigkeit der kognitiven Inhalte sind zentrale Merkmale des Paradigmas der Informationsverarbeitung und gehören zu dem von Mandler identifizierten ‚repository of underground cognitive wisdom', das bei der Sozialpsychologie schon zur Zeit des Behaviorismus aufzufinden war. Aber auch die gegenwärtige Social Cognition Forschung leistet einen wesentlichen Beitrag zum Erkenntnisfortschritt in der Allgemeinen Psychologie.

Auch wenn zur Erklärung der Verarbeitung sozialer Informationen keine anderen Mechanismen der Informationsverarbeitung herangezogen werden, als zur Verarbeitung physikalischer Informationen, so unterscheiden sich kognitive Prozesse, die Personen und ihr Handeln zum Gegenstand haben, in einer Reihe von Merkmalen. Zum einen sind zur Abspeicherung von Information über Personen umfassendere *Inferenzprozesse* notwendig, als zur Abspeicherung von Informationen über physikalische Objekte. Es sind die Eigenschaften der Personen, die deren kognitive Repräsentation strukturieren. Um aber vom beobachteten Verhalten zu den Eigenschaften und Merkmalen der Person zu gelangen, sind in stärkerem Maße kognitive Operationen notwendig, als bei der Verarbeitung von Informationen über physikalische Objekte, oft nur die Oberflächenmerkmale des Objekts abgespeichert werden. Zum zweiten spielen *Bewertungen und Emotionen* bei der Verarbeitung sozialer Informationen eine weit stärkere Rolle. Sowohl in ihrer Rolle als Einflußfaktor wie auch als Konsequenz kognitiver Prozesse sind affektive Aspekte von zentraler Forschungsrelevanz. Schließlich spielt der *Selbstbezug* eine wichtige Rolle. In allen Phasen der Informationsverarbeitung wird das Selbstkonzept als kognitive Ordnungsstruktur wirksam. Viele Probleme der Sozialpsychologie sind ohne den Bezug zur kognitiven Repräsentation der eigenen Person nicht zu lösen. Auch dies hat bei der Verarbeitung von Informationen über die physikalische Welt eine untergeordnete Bedeutung.

Zusammenfassende Bewertung
Wie deutlich wird, ist das Paradigma der Informationsverarbeitung in der Allgemeinen (experimentellen) Psychologie einerseits in wesentlichen Aspekten von der traditionellen Sozialpsychologie beeinflußt. Zum anderen erweitert die aktuelle Social

Cognition Forschung das Paradigma, indem sie neue, bisher vernachlässigte Aspekte in die Analyse einbezieht. Daher scheint die These gerechtfertigt, daß die Orientierung der sozial- psychologischen Forschung am Paradigma der Informationsverarbeitung zur Integration der Sozialpsychologie innerhalb der psychologischen Wissenschaft geführt hat und noch weiter führen wird. Mehr noch, die Erweiterung des Paradigmas durch die Ergebnisse der Social Cognition Forschung birgt die Chance, zu einem allgemeinen theoretischen Modell psychologischer Prozesse zu gelangen und so einen Beitrag zur Einheit der Psychologie zu leisten. Mag sein, daß dann nicht mehr die speziellen Theorien die Identität des Sozialpsychologen konstituieren, sondern die anerkannte Kompetenz, menschliches Denken, Fühlen und Verhalten im sozialen Kontext verständlich machen zu können. Die Nachfrage nach Social Cognition Forschung aus anderen Teildisziplinen der Psychologie und der Sozialwissenschaft - Beleg sind neuere Entwicklungen in der Klinischen Psychologie, der Pädagogischen Psychologie, der Forensischen Psychologie, der Politischen Psychologie, der Marktpsychologie und der Umfrageforschung – diese Nachfrage ist zweifellos ein Indiz. So wird deutlich, daß Sozialpsychologie innerhalb des Paradigmas der Informationsverarbeitung nicht irgendwo an der Peripherie der psychologischen Wissenschaft angesiedelt ist, sondern mitten in ihrem Zentrum."

25.2 (Graumann, C. F.)
„Der Kognitivismus in der Sozialpsychologie - Die Kehrseite der ‚Wende'"

These 1: Daß der Mensch ein soziales Wesen ist, hat von den Sozial- und Verhaltenswissenschaften die Psychologie am wenigsten ernstgenommen. Im Zentrum ihrer Theoriebildung und Forschung stand und steht das Individuum (aufzuweisen am „Mentalismus", „Behaviorismus"', „Kognitivismus").

These 2: Durch ihre theoretische, thematische und methodologische Orientierung an der Allgemeinen (experimentellen) Psychologie ist die Sozialpsychologie seit ihren Anfängen überwiegend individuen-zentriert und damit keine Sozialwissenschaft im Sinne der übrigen Sozialwissenschaften.

These 3: Der in der Sozialpsychologie der zwanziger Jahre eingeleiteten Individualisierung des Sozialen entspricht eine Desozialisierung des Individuums.

These 4: Dieser Prozeß und die ihm entsprechende Präokkupation mit intra-individuellen Prozessen ist durch die „kognitive Wende" noch verstärkt worden.

These 5: Der Informationsverarbeitungs-Ansatz verführt dazu, die Wirklichkeit auf ihre Repräsentation (im Individuum) zu reduzieren. Dabei besteht zwischen physischer und sozialer Realität kein Unterschied. Das Attribut „social", das man so beflissen vor „cognition" setzt, ist ein reines „label" und hat weder theoretische noch methodologische Bedeutung.

These 6: Die progressive Kognitivierung der Realität führt dazu, daß alle über das Individuum hinausgehenden sozialen Sachverhalte und Ereignisse, wie Interaktion,

Gruppe, aber auch alle kulturellen Gebilde, nur noch aus der individualistischen Perspektive angesehen werden, was die Reduzierung des Forschungsprogramms und die Gefahr einer ideologischen Verengung der Sozialpsychologie mit sich bringt. [...]

Der neue Individualismus
Die Kognitivierung aller Bereiche der Sozialpsychologie und ihrer Behandlung nach dem Modell eines Informationsverarbeitungssystems bringt ein weiteres Problem mit sich, das ich als die Verschärfung des Individualismus bezeichnen möchte. [...]
Was die psychologische Sozialpsychologie betrifft, so hat deren theoretischer und methodologischer Individualismus alle Forschungsprogramme und alle Ismen überdauert, von der Psychologie des Bewußtseins über die des Verhaltens bis zum heutigen Kognitivismus. Immer stehen im Mittelpunkt des theoretischen Interesses Prozesse im bzw. am generalisierten Individuum, gleich ob sie „sentiments" und „instincts" (McDougall), „prepotent reactions" (Allport), „Dissonanzreduktion" (Festinger) oder heute" automatic processing of social information" (Bargh) heißen. Gegenüber dieser Präokkupation mit letztlich *intraindividuellen Prozessen und Strukturen* ist in der Psychologie die Sozialität menschlicher Existenz vernachlässigt bzw. der Sozialwissenschaft überantwortet worden. Diese Vernachlässigung ist im Kognitivismus programmatisch. Denn noch weniger als aus einem generalisierten Individuum heraus kann man aus einem generalisiertem Informationsverarbeitungssystem die Sozialität erklären oder auch nur sichtbar machen, die mit der Konzeption des Menschen als zoon politikon zu einem Leitthema abendländischen Denkens werden sollte. Wenn das Augenmerk des Kognitivisten darauf gerichtet ist, was sich zwischen dem input und output eines Informationsverarbeitungssystems (mutmaßlich) abspielt, hat er zwar das Innerlichkeitstabu des orthodoxen Behavioristen durchbrochen, aber von der sozialen Realität ist er weiter entfernt als ein Skinnerianer. Denn ob eine hypothetische Kognition eine „Repräsentation" sozialer Wirklichkeit ist, kann aus dem Modell heraus nicht entschieden werden. Das bleibt [...] eine arbiträre Festlegung durch den Versuchsleiter. Daß menschliches Wissen und Handeln sozialen Ursprungs ist, sich auf eine soziale Realität richtet und entsprechend soziale Folgen hat, läßt sich ebenso wenig aus dem Grundmodell einer Turingmaschine verständlich machen wie die Herkunft sozialer Gebilde und Strukturen aus dem Zusammenwirken der Mitglieder einer Gruppe. Selbst wenn man die Schrumpfung des ohnehin immer einseitig ausgestatteten homo psychologicus zum Informationsverarbeitungssystem als ‚zeitgemäßes' Modell des Individuums hinnehmen könnte, auf der Strecke bleibt das, was die erst zu sich kommende Sozialpsychologie in Europa nach Auffassung einiger ihrer Protagonisten als ihren „gemeinsamen Nenner" ansieht und als die „*soziale Dimension*" bezeichnet hat. Damit ist die Auffassung gemeint, „daß sich die Sozialpsychologie in Theorie und Empirie direkt um die Beziehung kümmern kann und muß, die zwischen den psychischen Funktionen des Menschen und den übergreifenden (large-scale) sozialen Prozessen und Ereignissen besteht, die diese Funktionen prägen und von ihnen geprägt werden".

Die Vernachlässigung dieser Thematik, die weit mehr als eine „Dimension" ist, hat immer wieder zu der Frage geführt, wie sozial eigentlich die Sozialpsychologie ist. Gegenüber der als Paradigma ausgegebenen „social cognition" muß diese Frage verstummen, denn der jetzt praktizierte „Anschluß" an die kognitive allgemeine (expe-

rimentelle) Psychologie und deren Forschungspräferenzen [...] läßt eine theoretisch noch sinnvolle Bestimmung des „Sozialen" nicht mehr zu. Mit der Assimilation von „cognition" und „social cognition" wäre die Sozialpsychologie [...] eine Teilmenge der Allgemeinen (individuellen) Psychologie geworden.
Einige begrüßen das, ja feiern es begeistert. Andere sehen die Kehrseite der sogenannten Wende zu deutlich. Wer [...] den interaktionalen bzw. kommunikativen Charakter sozialen Handelns und dessen Relevanz auch für die soziale Kognition oder Repräsentation betont, kann dem Immanentismus des „social cognition" -Programms keine große Bedeutung, geschweige denn die beanspruchte „Souveränität" einräumen.
Schon jetzt ist deutlich, daß für eine große Zahl derjenigen Sozialpsychologen, die unter dem Titel „social cognition" figurieren, [...] soziale Kognition *nicht* identisch ist mit dem, was die Allgemeine Psychologie unter Informationsverarbeitung versteht, selbst wenn das Wort noch - wie ein Lippenbekenntnis - verwendet wird. [...] Die Hinwendung zum Informationsverarbeitungsparadigma der Allgemeinen Psychologie [führt] zum *Primat der Repräsentation über das Repräsentierte*: die soziale Realität."

Der Mangel an ‚theoretischem Denken' in der Sozialpsychologie (Frey, D. & Irle, M., 1993)

Die Klagen über ein Ungleichgewicht zwischen der ‚Jagd' nach empirischen Daten und theoretischer Arbeit können als ein Indiz für ‚Krise' bewertet werden. Dieter Frey und Martin Irle monieren in ihrem dreibändigen Überblickswerk ‚Theorien der Sozialpsychologie' die vielfach anzutreffende Beschränkung auf empirische Forschung und betonen die Notwendigkeit der Entwicklung von Theorien.

„Die Entwicklung der Sozialpsychologie in den letzten 30 Jahren ist dadurch gekennzeichnet, daß es eine Unmenge von Experimenten in den unterschiedlichsten Realitätsfeldern gibt. Das ist ein Trend, von dem auch andere Disziplinen innerhalb der Psychologie nicht ausgenommen sind. Demgegenüber ist die Entwicklung von Theorien vernachlässigt worden.

Ein Grund für die Überbetonung experimenteller Untersuchungen mag darin liegen, daß insbesondere die beruflichen Aufstiegschancen von Wissenschaftlern (in den USA weitaus mehr als in Europa) von der Anzahl der Publikationen abhängen („publish or perish"). Oft werden in experimentellen Untersuchungen mehr oder weniger theorielos von einem zum anderen Experiment neue unabhängige Variablen induziert und damit eine neue Veröffentlichung angestrebt, ohne die theoretische Relevanz des Experiments und der jeweiligen unabhängigen Variablen zu reflektieren. Die historische Konsequenz war eine Überbetonung der Empirie, begleitet von Theorienaivität und Theorielosigkeit.

Diese mangelnde Orientierung an der Theorie und Überbetonung von ad hoc-Variablen in Experimenten ist auch heute in vielen Fachzeitschriften der Psychologie zu erkennen. [...]

Es ist unsere Grundüberzeugung, daß wichtige Impulse einer Wissenschaft weniger von der empirischen Forschung als von der Spekulation und der Kreativität einer Theorie ausgehen. Mehr denn je sollte man deshalb theoretisches Denken und die Entwicklung von Theorien fördern. Stärker als bisher sollte man um Theorien-Pluralismus bemüht sein. Außerdem sollte man bestrebt sein, vorhandene Theorien zu präzisieren und dahingehend zu verfeinern, daß konkrete Anfangsbedingungen, unter denen die Theorien zutreffen, bestimmt werden. Man kann vermuten, daß ein Theorienpluralismus immer zu einer Klärung durch Präzisierung beiträgt. Weiterhin bewirkt die Konfrontation von Theorien eine Stimulierung der empirischen Forschung. Das Streben nach Theorienpluralismus sollte allerdings gleichzeitig mit dem Versuch verbunden sein, isoliert nebeneinander stehende Theorien, die aber über dieselben empirische Realitäten Aussagen machen, zu integrieren und eine allgemeinere Theorie zu entwickeln. Die angestrebten Ziele, sowohl Theorienpluralismus als auch Integration von Theorien mit höherem Allgemeinheitsgrad widersprechen sich also nicht."

Entwicklungstendenzen der neueren Sozialpsychologie aus der Sicht der Soziologie – Außenperspektive (Hillmann, K.-H., 1994)

In dem Artikel zum Stichwort ‚Sozialpsychologie' im ‚Wörterbuch der Soziologie' (1994, 812 f.) wird darauf verwiesen, dass es vielfache Überschneidungen zwischen ‚Problemfeldern' der Soziologie und der Sozialpsychologie gebe (Beispiele: Kleingruppenforschung, Rollentheorien, Sozialisationsprozesse). Die neuere Sozialpsychologie zeichne sich durch eine zunehmend kognitive Orientierung aus. Aus der Sicht von „,soziologischer' orientierten Sozialpsychologen" sei deshalb „eine Entfernung der Sozialpsychologie von der eigentlich sozialen Dimension menschlichen Verhaltens" zu befürchten.

„Obgleich die Sozialpsychologie ursprünglich als Spaltprodukt aus der Soziologie entstanden ist, ist das Verhältnis zwischen Soziologie und Sozialpsychologie zumal in Deutschland durch Entfremdungstendenzen gekennzeichnet. Dies gilt einmal für die theoretische Orientierung: Während in der Soziologie vorwiegend ‚grand theories' im Sinne von Forschungsparadigmen diskutiert werden, arbeitet die Sozialpsychologie verstärkt mit Theorien mittlerer Reichweite (z. B. Balance-Theorie, Theorie kognitiver Dissonanz, Reaktanztheorie, Attributionstheorie), die zum Teil empirisch gut bestätigt sind, allerdings vielfach eklektisch verwendet werden. Die Entfremdung gilt zum anderen auch für methodologische Fragen: Während die Mikrosoziologie sich verstärkt einer phänomenologisch-interaktionistischen Perspektive zugewandt hat, ist die Sozialpsychologie viel dichter an ‚härteren' und quantifizierbaren Methoden der empirischen Sozialforschung orientiert, wobei sie in methodischer Hinsicht insbesondere das Laborexperiment zum Königsweg erklärt hat. Dessen Vorteile bestehen vor allem darin, dass abhängige und unabhängige Variablen manipuliert und kontrolliert, kausale Hypothesen daher direkt überprüft werden können. Nachteile des

Laborexperiments werden (oftmals zu pauschal) in der Künstlichkeit der Laborsituation gesehen, die zu Forschungsartefakten führe und die verstärkte interne Gültigkeit zu Lasten externer Validität erkaufe. Strategien der schrittweisen Annäherung an die Realsituation (bis hin zum Feldexperiment) sowie die Kombination mit anderen Erhebungsmethoden entschärfen die genannte Kritik. Des weiteren hat innerhalb der Sozialpsychologie eine Schwerpunktverlagerung stattgefunden. Die vorwiegend soziologische Variante der Sozialpsychologie (mit dem Kerngebiet Kleingruppenforschung) gerät in den Hintergrund zugunsten einer Forschungsperspektive, die sich überwiegend mit der Kognition sozialpsychologischer Sachverhalte befasst. Dabei profitiert die Sozialpsychologie insbesondere vom Forschungsstand der kognitiven Psychologie, die verstärkt auf sozialpsychologische Sachverhalte angewendet wird. Dies hat auch in ein ‚klassisches' Gebiet der Sozialpsychologie, nämlich die Einstellungsforschung, neue Bewegung gebracht.

Schwerpunktthemen sind dabei Prozesse der Urteilsbildung, Vorgänge des ‚information processing' in sozialpsychologischen Zusammenhängen sowie das zwischenzeitlich stark angewachsene Feld der Attributionsforschung, das sich aus früheren Konzepten zur sozialpsychologischen Wahrnehmung heraus entwickelt und mittlerweile zu einer ‚Psychologie der Kausalität' ausgeweitet hat.

‚Soziologischer' orientierte Sozialpsychologen kritisieren an dieser Ausrichtung eine Entfernung der Sozialpsychologie von der eigentlich sozialpsychologischen Dimension menschlichen Verhaltens."

Das wissenschaftshistorisch begründete Selbstverständnis der Sozialpsychologie am Beginn des 21. Jahrhunderts (Frey, D., 2005)

28

Nach wie vor dient vielen Fachvertretern Lewins Verständnis von Sozialpsychologie als Orientierungshilfe. Insbesondere die Lewinsche Perspektive auf das Wechselverhältnis von Theorie und Praxis und die sich daraus ergebenden Konsequenzen werden als Richtschnur für die Aufgaben einer Sozialpsychologie der Zukunft verstanden. Als Beispiel sei in folgendem auf die aus Anlass eines Wissenschaftsjubiläums von einem bekannten deutschen Fachvertreter (D. Frey) bekenntnisartig formulierten Desiderate an die gegenwärtige und zukünftige Sozialpsychologie verwiesen.

> „Herz und Kopf der Sozialpsychologie ist meines Erachtens von der Person und Konzeption Kurt Lewin. Insbesondere auf Grund seiner Philosophie: Nichts ist praktischer als eine gute Theorie. Ich ergänze: Und nichts ist theoriegewinnender als eine gut funktionierende Praxis.
>
> Mit einer guten Theorie […] kann man Folgendes erreichen:
>
> 1. man kann Phänomene beschreiben und klassifizieren,
>
> 2. man kann Ereignisse erklären im Sinne des Popper-Oppenheimer-Hempel-Schemas und
>
> 3. Vorhersagen machen,
>
> 4. man kann Implikationen der Theorie für Interventionsmethoden gebrauchen und

5. man kann eine Theorie zur Aufklärung verwenden. [...]

Das ist ein fundamentaler Schatz, den wir haben - unser Theorienarsenal, verbunden mit unserer Fähigkeit, mit guten Methoden die Theorien und die damit verbundenen vermittelnden Mechanismen zu überprüfen. Auf den Punkt gebracht liegt die Faszination von Theorien darin, heterogene Phänomene zu beleuchten, vorherzusagen und zu verändern.

Lewin ist in all diesen Bereichen Vorbild. Er hat immer betont, dass man Sozialpsychologie differenzieren kann nach Grundlagenforschung, angewandter Forschung und Anwendung von Forschung. Und er selbst, wie ein Teil seiner Schüler, hat dies auch vorgelebt. [...] Wenn ich vorher gesagt habe: Nichts ist praktischer als eine gute Theorie, dann kommt jetzt aber noch ein weiterer Aspekt dazu: Nichts ist theoretisch interessanter als eine gut funktionierende Praxis. Und das heißt, sich öffnen gegenüber dem, was draußen in der Praxis passiert.

Es geht also darum, als Wissenschaftler auf die Praxis nach draußen zu schauen, wie funktioniert Praxis, welche Probleme hat die Praxis, decken unsere Theorien die Praxis ab, welche Fragen haben Praktiker an die Wissenschaft, können wir diese Fragen beantworten? Und diese Fragen sind oft andere, als wir selbst sie uns stellen.
Und obwohl nun Sozialpsychologen nicht nur im Elfenbeinturm sitzen und die angewandte Sozialpsychologie sehr populär ist, ist die Kritik, die ich und viele andere an der Psychologie haben, nämlich dass in der Forschung doch überwiegend Probleme der Literatur gelöst werden, bei den riesigen Problemen, die wir in der Praxis haben, schon auch evident. [...]

Fazit:
Sozialpsychologie ist meines Erachtens nicht überfordert, wenn sie sich auf Kurt Lewin stärker als bisher zurückbesinnt. Daraus definieren sich für mich die folgenden Aufgaben:

1. Kerngeschäft der Sozialpsychologie weiterführen, im Sinne von Grundlagenforschung, angewandter Forschung, Anwendung von Forschung - ohne nun vorzuschreiben, mit was sich der einzelne Sozialpsychologe beschäftigt. Da können wir uns an Humboldt orientieren: Freiheit von Forschung und Lehre muss gewährleistet sein.

2. Das Kerngeschäft sollte aber so verstanden werden und im Sinne Lewins (oder auch von Hans Jonas oder Max Weber) so offen sein, dass sich daraus eine Verantwortung für bestehende Probleme der Gegenwart und Zukunft ergibt mit der Konsequenz, sozialpsychologisch fundierte Analysen, Lösungsmöglichkeiten. Evaluationen von Problemlösungen voranzutreiben. Das machen wir jetzt schon, und mit Sicherheit mehr als nahezu jede andere psychologische Disziplin, aber es ist noch zu wenig.

3. Meines Erachtens sollten sich also Sozialpsychologen auch engagieren, ihre Methoden, Theorien und Erkenntnisse im Sinne eines Studium generale allen Studierenden zu vermitteln. Hier geht es um die Vermittlung ganz fundamentalen Wissens

im Umgang mit Menschen. Dies verstehe ich auch als einen Beitrag der Sozialpsychologie, sich verantwortlich zu fühlen für die Ausbildung von Multiplikatoren in Wirtschaft, Politik, Wissenschaft. Es geht um die Vermittlung von Handlungskompetenzen an die Multiplikatoren der Gesellschaft, also wie das Wissen professionell umgesetzt werden kann. [...]

4. Sozialpsychologie ist auf Grund ihres Gegenstandsbereiches privilegiert, aber auch gleichzeitig gefordert, in diesem Zusammenhang auch einen ganz wichtigen Beitrag zu leisten über das Verständnis anderer Religionen und anderer Kulturen. [...] Es ist ein wichtiger Beitrag der Sozialpsychologie, ihr Wissen über soziale Identität, Aggression, Toleranz und Verständnis transparent zu machen und für diese Integrationsprobleme anzuwenden. [...] Diese politische Verantwortung von Wissenschaftlern ist nicht neu. Wir können uns hier auf Hans Jonas, Max Weber und natürlich Kurt Lewin berufen. Dies heißt aber nichts anderes, als dass wir neben unserem Wissen, das wir durch Forschung akkumulieren und erweitern und transportieren müssen, gleichzeitig auch einen wichtigen Beitrag leisten müssen zum Transport von Handlungskompetenzen und Werten.

5. Bei all diesen Punkten können wir uns am Grundprinzip orientieren „Nichts ist praktischer als eine gute Theorie, aber auch: Nichts ist theoriegewinnender als eine gut funktionierende Praxis".

Neuere Entwicklungstendenzen der Sozialpsychologie (Ende 20./Anfang 21. Jahrhundert) (Jonas, K.; Stroebe, B.; Hewstone, M., 2007)

Überblickt man die neuere sozialpsychologische Forschungsliteratur, kann man neben der methodisch verfeinerten Bearbeitung traditioneller Themen einige vorherrschende Tendenzen erkennen, die jeweils in spezifische intra- und interdisziplinäre Vernetzungen eingebunden sind. Als erstes zu nennen ist die schon längere Zeit anhaltende kognitionspsychologische Orientierung, die mit engen theoretischen und methodischen Bezügen zu (bzw. Anleihen an) Kognitionswissenschaft und Allgemeiner Psychologie verknüpft ist. Zwei (relativ) neuere Tendenzen sind Orientierungen an Evolutionstheorie und Neurowissenschaften. Das Erkenntnisziel der erstgenannten Richtung ist – grob skizziert – die Aufklärung genetischer Wurzeln sozialen Verhaltens. Der zweitgenannten Richtung, die sich auch als sozial-kognitive Neurowissenschaft bezeichnet, geht es erklärtermaßen darum, neurowissenschaftliche Grundlagen sozialpsychologischer Informationsverarbeitungsprozesse zu erforschen. Eine kurze Erläuterung dieser Tendenzen erfolgt im folgenden Text.

„Es überrascht nicht, dass sich die Sozialpsychologie über die Jahrzehnte hinweg verändert hat; und wichtige wissenschaftliche Auffassungen wie etwa die Konsistenztheorie oder die Attributionstheorie haben an Bedeutung verloren; neue Sichtweisen wie die *soziale Kognition*, die *evolutionäre Sozialpsychologie* und die *soziale Neurowissenschaft* sind aufgetaucht. [...]

Die Forschung zur sozialen Kognition ist eine Anwendung von Prinzipien der kognitiven Psychologie auf das Gebiet der Sozialpsychologie [...]. Im Unterschied zu anderen psychologischen Fachgebieten legte die Sozialpsychologie immer viel Wert darauf, wie Personen ihre Umwelt intern repräsentieren. Viele unserer Theorien wurden als »kognitiv« bezeichnet (z.b, die kognitive Dissonanz), und bei den zentralen Begriffen der Sozialpsychologie (z.b, Einstellungen, Überzeugungen, Absichten) handelt es sich um kognitive Konstrukte. Daher scheint es für Sozialpsychologen ein kleiner Schritt zu sein, von der kognitiven Psychologie Methoden auszuborgen, um zu untersuchen, wie soziale Informationen enkodiert und wie die Informationen gespeichert und aus dem Gedächtnis abgerufen werden. Diese Perspektive hatte über das gesamte Gebiet der Sozialpsychologie hinweg einen weitreichenden Einfluß. [...]

Die evolutionäre Sozialpsychologie [...] ist eine Anwendung der Evolutionstheorie auf die Sozialpsychologie. Die Evolutionstheorie erklärt menschliches Verhalten (einschließlich der Unterschiede in den Partnervorlieben je nach Geschlecht) aus ihrem Wert für die Reproduktion, also aus ihrem funktionalen Wert für das Hervorbringen von Nachwuchs in unserer Evolutionsgeschichte. Die evolutionäre Psychologie macht eine grundlegende Annahme: Wenn ein bestimmtes Verhalten (a) zumindest teilweise genetisch vorherbestimmt ist und es (b) die Wahrscheinlichkeit vergrößert, dass ein Individuum Nachwuchs hervorbringen wird, wird das Gen, das dieses Verhalten vorherbestimmt, eine stärkere Verbreitung im Genpool künftiger Generationen finden. Die evolutionären Sozialpsychologen leisteten wichtige Beiträge für die Untersuchung der interpersonellen Anziehung [...], des Helfens und der Kooperation [...] sowie der Aggression [...].

Bei der sozialen Neurowissenschaft geht es um die Untersuchung der neuronalen Korrelate sozialpsychologischer Phänomene [...]. Man baute auf den großen Fortschritten auf, die in neuerer Zeit bei der Anwendung nichtinvasiver Techniken zur Untersuchung der Funktionsweise des menschlichen Gehirns gemacht wurden. Die soziale Neurowissenschaft untersucht die Gehirne der Versuchsteilnehmerinnen und Versuchsteilnehmer, während sie soziale Informationen verarbeiten. Es gibt bereits Studien, die derartige Techniken dazu verwenden, unser Verständnis des Vorurteils zu vertiefen. [...] Tatsächlich betont die soziale Neurowissenschaft, dass *soziale* Variablen biologische Prozesse *beeinflussen* können. [...]

Die heutige Sozialpsychologie ist eine spannende und blühende Unternehmung. Getreu Lewins Motto, dass nichts praktischer ist als eine gute Theorie, wenden Sozialpsychologen das Verständnis, das sie aus der Untersuchung grundlegender kognitiver, emotionaler und motivationaler Prozesse gewonnen haben, auf die Lösung von Problemen des realen Lebens an. Sie haben wichtige Beiträge für die Entwicklung angewandter Bereiche geleistet wie der Gesundheitspsychologie und der Organisationspsychologie [...]; sozialpsychologische Theorien sowie die Forschung über Intergruppenkonflikte und Vorurteile können zu wichtigen Leitlinien führen, um Konflikte in den europäischen Gesellschaften, die immer multikultureller werden, zu vermeiden und zu lösen [...]. Weil es damals in den meisten Bereichen noch keine systematische und kontrollierte sozialpsychologische Forschung gab, musste sich Allport (1924) bei seinem ehrgeizigen Plan für eine Sozialpsychologie als empirische Wissenschaft stark auf Spekulationen verlassen. Wir hoffen, dass die Leser [...] den Fortschritt zu schätzen wissen, den Sozialpsychologen in weniger als einem Jahrhundert dabei machten, dass sie Spekulationen durch eine theoriegeleitete empirische Forschung ersetzten."

30 Die Sozialpsychologie der Gegenwart aus wissenschaftshistorischer Perspektive: Neuere Entwicklungstrends als Ausweg aus der ‚Krise'? (Kruglanski, A. W. & Stroebe, W., 2012)

Arie W. Kruglanski und W. Stroebe werten in ihrem ‚Handbook of the History of Social Psychology' die neueren Entwicklungstrends der Sozialpsychologie als einen Versuch, eine Anwort auf die während der ‚Krise' geübte Kritik zu geben. ‚Responding to the critique' lautet der Titel zu dem diesbezüglichen Abschnitt ihres Buches. Freilich dürfte die Annahme eines derartigen Zusammenhangs zwischen Krise und neueren Entwicklungstrends nicht im Sinne einer monokausalen Ableitung missverstanden werden. Vielmehr kann man annehmen, dass die erkenntnisfördernden Potenzen der genannten expandierenden Wissenschaftsgebiete (Kognitionswissenschaften, Neurowissenschaften, Evolutionswissenschaften) ihren Einfluss auf die Psychologie und mit ihr auf die Sozialpsychologie auch ohne Bezugnahme auf die ‚Krise' ausgeübt hätten und ausüben.

> „In der mainstream-Sozialpsychologie wurde eine Menge von Entwicklungen eingeleitet, die über Jahre hinweg dazu verhelfen sollten, einige Probleme, die von Kritikern [in der Krisenzeit, G. E.] angeprangert wurden, zu entschärfen. Auf die Behauptung, die Sozialpsychologie sei unseriös (‚Spaß und Spiele'), wurde von den Sozialpsychologen in der Weise reagiert, dass sie sich Forschungsparadigmen zu eigen machten, die mit traditionell wissenschaftlicheren Bereichen der Psychologie verbunden waren, nämlich Kognitionspsychologie und später Biologische Psychologie. Die in den 70er Jahren beginnende social-cognition-Bewegung übernahm sowohl die Terminologie (Gebrauch solcher Wortmarken wie ‚retrieval', ‚encoding', ‚storage' usw.) als auch die Methoden (‚priming', ‚cognitive load placement', reaction time techniques') der Kognitionswissenschaft. Etwa ein Jahrzehnt später begann der Bereich der sozialen

Neuropsychologie in Erscheinung zu treten mit weitreichenden Anleihen an substantiellen (autonomes Nervensystem, Gehirn) und methodischen Standards (FMRT) der allgemeinen Neurowissenschaft. Ein anderes, biologisch orientiertes Gebiet der Psychologie, das in den Nachkrisen-Jahren eine starke Entwicklung aufwies, war die evolutionäre Sozialpsychologie. Durch ihr weitgehendes Anknüpfen an bewährte wissenschaftliche Traditionen [Evolutionsbiologie, G. E.] glauben diese neuen Entwicklungen, sich der Kritik an der Leichtfertigkeit und Laxheit früheren sozialpsychologischen Experimentierens entziehen zu können" (Kruglanski, A. W. & Stroebe, W., 2012, S. 7. Übersetzung: G. E.).

Literaturverzeichnis

A. Quellennachweise

1. Platon (1925). *Staatsschriften, Bd. 2*, hrsg. u. übersetzt von W. Andrae. Jena: Fischer.
   Aristoteles (1995). *Philosophische Schriften, Bd. 4: Politik*, übersetzt von E. Rolfes. Hamburg: Meiner.

2. Thomas von Aquin(o) (1265/66). *De regimine principum*, übersetzt von M. Grabmann (1946). Thomas von Aquin. Persönlichkeit und Gedankenwelt. München: Kösel. Reprint in Schoeck, H. (1964). Die Soziologie und die Gesellschaften. Freiburg & München: Alber.

3. Lazarus, M. & Steinthal, H. (1860). Einleitende Gedanken über Völkerpsychologie. *Zeitschrift für Völkerpsychologie und Sprachwissenschaft, I*, 1 – 73. Reprint in Eckardt, G. (Hrsg.) (1997). Völkerpsychologie – Versuch einer Neuentdeckung. Weinheim: Beltz/PVU.

4. Le Bon, G. (1964 [1895]). *Psychologie der Massen*. Stuttgart: Kröner.
   Französ. Originaltitel (1895): Psychologie des foules. Paris: F. Olean.

5. Lindner, G. A. (1871). *Ideen zur Psychologie der Gesellschaft als Grundlage der Sozialwissenschaft*. Wien: Gerold`s Sohn.

6. Durkheim, E. (1984 [1895]). *Die Regeln der soziologischen Methode*. Frankfurt/M.: Suhrkamp.
   Französ. Originaltitel (1895): Les règles de la méthode sociologique. Paris : Presses Universitaires de France.

7. Simmel, G. (1958 [1908]). *Soziologie. Untersuchungen über die Formen der Vergesellschaftung*. Berlin: Duncker & Humblot.

8. Mc Dougall, W. (1928). *Grundlagen einer Sozialpsychologie.* Jena: Fischer. Englischer Originaltitel (1908): Introduction to Social Psychology. London: Methuen.

9. Moede, W. (1914). Der Wetteifer, seine Struktur und sein Ausmaß. Ein Beitrag zur experimentellen Sozialpsychologie. *Zeitschrift für Pädagogische Psychologie. 15.* 352 – 365.

10. Allport, F. H. (1924). *Social Psychology.* Boston: Riverside.

11. Mead, G. H. (1969 [1934]). *Sozialpsychologie.* Neuwied & Berlin: Luchterhand. Englischer Originaltitel (1934): Mind, Self and Society. Chicago: University of Chicago Press.

12. Moreno, J. L. (1954). *Die Grundlagen der Soziometrie.* Köln & Opladen: Westdeutscher Verlag. Englischer Originaltitel (1934): Who shall survive? Washington: Nervous and Mental Diseas Publications.

13. Allport, G. W. (1935). Attitudes. In C. Murchison (Ed.).*Handbook of Social Psychology,* p.798 – 844.
    Reprint in E. Aronson & A. R. Pratkanis (eds.) (1993). Social Psychology, I, 535 – 575. Übersetzung: G. Eckardt.

14. Lewin, K. (1963). Verhalten und Entwicklung als eine Funktion der Gesamtsituation. In: *Feldtheorie in den Sozialwissenschaften,* S. 271 – 329 Bern: Huber. Übersetzung: A. Lang & W. Lohr.
    Englischer Originaltitel (1946). Behavior and Development as a function of the total situation. In: L. Carmichael (ed.), Manual of Child Psychology.

    Lewin, K. (1963). Feldtheorie und Lernen. In: *Feldtheorie in den Sozialwissenschaften,* S. 102 – 125. Bern: Huber. Übersetzung: A. Lang & W. Lohr. Siehe auch: Kurt Lewin Werkausgabe (1982). Bd. 4; 157 – 185. Bern: Huber und Stuttgart: Klett-Cotta. Englischer Originaltitel (1942). Field theory and learning. In: Yearbook of National Society for the Study of Education, 2, 215 – 242.

    Lewin, K. (1963). Forschungsprobleme der Sozialpsychologie. In: *Feldtheorie in den Sozialwissenschaften,* S. 192 – 205. Übersetzung: A. Lang & W. Lohr.
    Englischer Originaltext (1951). Field Theory in Social Psychology, p. 155 – 169. New York: Harper.

15. Moreno, J. L. & Jennings, H. H. (1938). The statistics of social configurations. Sociometry, 4, 342 – 374. Zitat bei Petzold, H. (1980). Moreno – nicht Lewin – der Begründer der Aktionsforschung. *Gruppendynamik, 11,* 142 – 166. Übersetzung: G. Eckardt.

    Lewin, K. (1963). Feldtheorie und Experiment in der Sozialpsychologie. In: *Feldtheorie in den Sozialwissenschaften.* S. 168 – 191. Bern: Huber. Übersetzung: A. Lang & W. Lohr.
    Englischer Originaltitel (1939): Field theory and experiment in social psychology, 44, 868 – 897.

Literaturverzeichnis 163

Lewin, K. (1963). Forschungsprobleme der Sozialpsychologie. In: *Feldtheorie in den Sozialwissenschaften*. S. 192 – 205. Bern: Huber
Englischer Originaltitel (1943/44): Research problems of social Psychology.

Cartwright, D. & Zander (1953, 1968). *Group Dynamics. Research and Theory*. Evanston: Row & Peterson.

Hofstätter, P. R. (1957) *Gruppendynamik. Kritik der Massenpsychologie.* Reinbek: Rowohlt. 2. Aufl. 1986.

Redaktionskollegium (1970). Was wir wollen. *Gruppendynamik. 1.*

16. Heider, F. (1946). Attitudes and Cognitive Organization. *The Journal of Psychology, 21.* 107 – 121. Übersetzung: G. Eckardt.

17. Asch, S. (1969). Änderung und Verzerrung von Urteilen durch Gruppen-Druck. In: M. Irle (Hrsg.) (1969). *Texte aus der experimentellen Sozialpsychologie.* S. 57 – 73. Neuwied: Luchterhand. Übersetzung: A.v.Cranach.
Englischer Originaltitel (1951): Effects of group pressure upon modification and disortion of judgments. In: H. Guetzkow (ed.). Group leadership and men, p. 179 – 190. Pittsburgh: Carnegie Press.

18. Hovland, C. I. (1951). Changes in Attitude through Communication. *Journal of Abnormal and Social Psychology, 46,* 424 – 437. Übersetzung: G. Eckardt.

19. White, R. & Lippitt, R. (1969). Verhalten von Gruppenleitern und Reaktionen der Mitglieder in drei ‚sozialen Atmosphären'. In: M. Irle (Hrsg.), *Texte aus der experimentellen Sozialpsychologie.* S. 456 – 485. Neuwied und Berlin: Luchterhand. Übersetzung: A.v.Cranach.
Englischer Originaltitel (1953): Leader, Behavior and Member Reaction In Three 'Social Climates'. In: D. Cartwright & A. Zander (eds), Group Dynamics. New York: Harper & Row.

20. Festinger, L. (1978 [1957]). *Theorie der kognitiven Dissonanz.* Bern: Huber.
Englischer Originaltitel (1957). A Theory of Cognitive Dissonance. Stanford: Stanford University Press.

21. Sodhi, K. S. (1954). Mittel- und westeuropäische Sozialpsychologie. In: A. Wellek (Hrsg.). *Bericht über den 19. Kongress der Deutschen Gesellschaft für Psychologie.* S. 7 – 33. Göttingen: Hogrefe.

Hofstätter, P. R. (1954). *Einführung in die Sozialpsychologie.* Wien: Humboldt. 4. Aufl. 1966.

22. Katz, D. (1965). Editorial. *Journal of Personality and Social Psychology. 1,* 1 – 2.

23. Moscovici, S. (1972). Society and Theory in Social Psychology. In: J. Israel & H. Tajfel (eds.), *The Context of Social Psychology*, p. 17 – 67. London: Academic Press. Übersetzung: G. Eckardt.

Tajfel, H. (1972). Introduction. In J. Israel & H. Tajfel (eds.), *The Context of Social Psychology*, p. 1 – 16. London: Academic Press. Übersetzung: G. Eckardt.

Jahoda, G. (1974). The Context of social psychology. A critical assessment, *European Journal of Social Psychology*, 4, 105 – 112. Übersetzung: G. Eckardt.

24. Gergen, K. J. (1973). Social Psychology as History. *Journal of Personality and Social Psychology*, 26, 309 – 320.

25. Strack, F. (1988). Social Cognition innerhalb des Paradigmas der Informationsverarbeitung. *Psychologische Rundschau*, 39, 72 – 82.

Graumann, C. F. (1988). Der Kognitivismus in der Sozialpsychologie – Die Kehrseite der ‚Wende'. *Psychologische Rundschau*, 39, 83 – 90.

26. Frey, D. & Irle, M. (1993). Einleitung der Herausgeber. In: D. Frey & M. Irle (Hrsg.), *Theorien der Sozialpsychologie*, I, 9 – 11. Bern: Huber.

27. Hillmann, K.-H. (1994). Stichwort ‚Sozialpsychologie'. In: *Wörterbuch der Soziologie*. 4. Aufl., S. 812 – 813. Stuttgart: Kröner.

28. Frey, D. (2005). 100 Jahre Psychologie: Sozialpsychologie. In: Th. Rammsayer & St. Troche (Hrsg.), *Reflexionen der Psychologie*. S. 101 – 110. Göttingen: Hogrefe.

29. Jonas, K., Stroebe, W. & Hewstone, M. (2007). *Sozialpsychologie. Eine Einführung*. 5. Aufl., Heidelberg: Springer.

30. Kruglanski, A.W. & Stroebe, W. (eds.) (2012). *Handbook of the History of Social Psychology*. New York & London: Psychology Press.

B. Sekundärliteratur

Allport, G. W. (1968). The Historical Background of Modern Social Psychology. In: G. Lindzey & E. Aronson (eds.), *The Handbook of Social Psychology*, I, 1 – 80. Reading/Mass.:Addison – Wesley.

Anger, H. (1979). Die historische Entwicklung der Sozialpsychologie. In: A. Heigl-Evers (Hrsg.), *Die Psychologie des 20. Jahrhunderts, VIII: Lewin und die Folgen*, 29 – 50. Zürich: Kindler.

Literaturverzeichnis 165

Aronson, E. & Pratkanis, A. R. (eds.). *Social Psyxhology. vol. I - III.* Brookfield/Vt.: Elgar.

Danziger, K. (2000). Making social psychology experimental: A conceptual history, 1920-1970. *Journal of the History of the Behavioral Sciences, 36,* 329-347.

Durkheim, E. (1898). Représentations individuelles et représentations collectives. In : *Revue de Métaphyique et Morale, 6.* 204 - 302.

Eckardt, G. (1997). *Völkerpsychologie - Versuch einer Neuentdeckung.* Weinheim: Beltz/PVU.

Eckardt, G. (2010). *Kernprobleme in der Geschichte der Psychologie.* Wiesbaden: Verlag für Sozialwissenschaften.

Eckardt, G. (Hrsg.) (2013). *Entwicklungs- und Pädagogische Psychologie. Zentrale Schriften und Persönlichkeiten.* Wiesbaden: Springer Fachmedien.

Einstein, A. (1933). *On the method of theoretical physics.* New York: Oxford University Press.

Farr, R. M. (1990). Obituary Leon Festinger. Pioneer of social psychology as an experimental science. *British Journal of Social Psychology, 29,* 5 - 10.

Frey, D. & Irle, M. (Hrsg.) (1993 - 2002). *Theorien der Sozialpsychologie.* 3 Bde. Bern: Huber.

Graumann, C.F. (1997). Geschichtliche Entwicklung der Sozialpsychologie. In: D. Frey & S. Greif (Hrsg.). *Sozialpsychologie. Ein Handbuch in Schlüsselbegriffen.* 4.Aufl., S.32-39. Weinheim: Beltz/PVU.

Graumann, C.F. (2000). Floyd Henry Allport. Social Psychology (1924). In: H.E. Lück (Hrsg.), *Klassiker der Psychologie.* S.128-132. Stuttgart: Kohlhammer.

Graumann, C.F. (2002). Eine historische Einführung in die Sozialpsychologie. In: W. Stroebe et al. (Hrsg.), *Sozialpsychologie.* 4.Aufl., S.4-24. Berlin: Springer.

Graumann, C. F. (1997). Geschichtliche Entwicklung der Sozialpsychologie. In: D. Frey & S. Greif (Hrsg.). *Sozialpsychologie. Ein Handbuch in Schlüsselbegriffen.* 4. Aufl., S. 32 - 39. Weinheim: Beltz/PVU.

Graumann, C. F. (2002). Eine historische Einführung in die Sozialpsychologie. In: W. Stroebe et al. (Hrsg.), *Sozialpsychologie* 4. Aufl., S. 4 - 24. Berlin: Springer.

Hofstätter, P. R. (1959). *Einführung in die Sozialpsychologie.* 2. Aufl., Stuttgart: Kröner.

Huebner, D. R. (2012). The Construction of *Mind. Self and Society:* The social process behind G. H. Mead's Social Psychology. *Journal of the History of the Behavioral Sciences, 48*, 134 – 153.

Irle, M. (Hrsg.) (1963). *Texte aus der experimentellen Sozialpsychologie*. Neuwied & Berlin: Luchterhand.

Jahoda, G. (2007). *A History of Social Psychology*. Cambridge: University Press.

Jones, E. E. (1985). Major Developments in Social Psychology during the past five decades. In: D. T. Gilbert, S. T. Fiske & G. Lindzery (eds.), *The Handbook of Social Psychology, vol. 1*, 2 ed., 47 – 107. Boston: Mc Graw – Hill.

Kruglanski, A.W. & Stroebe, W. (eds.) (2012). *Handbook of the History of Social Psychology*. New York & London: Psychology Press.

Kumpf, M. (1990). Geschichte der Sozialpsychologie. In: E. G. Wehner (Hrsg.), *Geschichte der Psychologie*, S. 103 – 130. Darmstadt: Wissenschaftl. Buchgesellschaft.

Lazarus, M. (1862). Über das Verhältniß des Einzelnen zur Gesammtheit. *Zeitschrift für Völkerpsychologie und Sprachwissenschaft, 2*. 393 – 453.

Lück, H. E. (1972). Zum Begriff der Gruppendynamik. In: *Gruppendynamik, 3*, 123 – 126.

Lück, H. E. (1996). *Die Feldtheorie und Kurt Lewin*. Weinheim: Beltz/PVU.

Lück, H. E. (2009). *Geschichte der Psychologie*. 4. Aufl., Stuttgart: Kohlhammer.

Mc Guire, W. J. (1968). The Nature of Attitudes and Attitude Change. In: G. Lindzey & E.Aronson (eds.). *The Handbook of Social Psychology, 3*, 2 nd ed., 136 – 314. Reading/ Mass.: Addison-Wesley.

Milgram, S. (1965). Some conditions of obedience and disobediece to authority. *Human Relations, 18*, 56-76.

Moede, W. (1920). *Experimentelle Massenpsychologie. Beiträge zur Experimentalpsychologie der Gruppe*. Leipzig: Hirzel.

Mummendey, H. D. (2002). Selbstdarstellungstheorien. In: D. Frey & M. Irle (Hrsg.), *Theorien der Sozialpsychologie, 3*, 212 – 233. Göttingen: Hogrefe.

Petzold, H. (1980). Moreno – nicht Lewin – der Begründer der Aktionsforschung. In: *Gruppendynamik, 11*, 142 – 166.

Rammsayer, Th. & Troche, St. (Hrsg.) (2005). *Reflexionen der Psychologie*. Göttingen: Hogrefe.

Rösgen, P. (2008). *Die Institutionalisierung der Sozialpsychologie in der Bundesrepublik Deutschland*. Frankfurt/M.: P. Lang.

Schoeck, H. (1964). *Die Soziologie und die Gesellschaften*. Freiburg & München: K. Alber.

Wiswede, G. (2004). *Sozialpsychologie- Lexikon*. München & Wien: Oldenburg.

MIX
Papier aus verantwortungsvollen Quellen
Paper from responsible sources
FSC® C105338

If you have any concerns about our products, you can contact us on
ProductSafety@springernature.com

In case Publisher is established outside the EU, the EU authorized representative is:
Springer Nature Customer Service Center GmbH
Europaplatz 3, 69115 Heidelberg, Germany

Printed by Libri Plureos GmbH
in Hamburg, Germany